AF325321

GUY DE PIERREFEUX

LE REVENANT

Propos et Anecdotes

autour de Caillaux

LE REVENANT

GUY DE PIERREFEUX

LE REVENANT

Propos et Anecdotes
autour de Caillaux

IMPRIMERIE CENTRALE CH. HILLER
ÉDITEUR
111-115, Grand'rue, Strasbourg
1925

LES SÉJOURS DE Mr CAILLAUX A ARCACHON

PRÉFACE

J'ai écrit ces « Propos et Anecdotes autour de Caillaux » sans aucune visée politique. Je ne prétends pas apporter une pierre nouvelle à l'édifice d'un procès qui déchaîna tant de passions.

Mais en observant le revirement qui s'opérait insensiblement dans l'attitude des gens vis-à-vis de l'ancien condamné de la Haute-Cour à chacun de ses séjours à Arcachon, j'ai songé plus d'une fois à ce vieux proverbe latin : Hodie mihi, cras tibi ! Aujourd'hui moi, demain ton tour. Nul n'est infaillible et qui peut prétendre n'avoir jamais commis de faute ? Rares sont les hommes politiques dont la vie n'ait pas été bouleversée par un drame dont ils soient entièrement irresponsables.

La fortune change, l'homme est faible devant elle. Quand l'orage a passé, le vent se change en brise et puis le soleil revient.

Depuis que Cicéron accusait Marcus Varron de concussion, depuis qu'un paysan ignorant votait l'ostracisme d'Aristide, rien n'a changé.

De tous ceux qui vouaient Caillaux à la vindicte publique, combien s'en trouvaient qui connaissaient à fond son procès et combien lui tourneraient encore le dos résolument ? De ceux qui hier portaient aux nues Clémenceau, Poincaré ou Millerand, combien de-

main, si le vent tournait, se porteraient encore garants
de leur honnêteté politique ?

Il m'a paru amusant de noter avec bonne humeur
quelques-uns des incidents qui marquèrent le passage de Mr Caillaux à Arcachon.

J'ai essayé de faire revivre les mille et une petites
mesquineries qui caractérisaient le plus clair de l'opposition faite au condamné de la Haute-Cour. Je les
ai placées dans la première partie, celle qui relate les
différents séjours de Caillaux à Arcachon.

Ce faisant, je n'ai pas tant voulu marquer l'attitude de l'ancien président du conseil que celle des
dindons de la politique dont les convictions, l'indulgence ou l'hostilité varient avec tant d'à-propos, —
sans qu'ils perdent rien de leur honneur ou de leurs
intérêts — suivant le cours des événements politiques.
C'est humain ! L'expérience a montré depuis longtemps ce qu'il en coûte parfois, moralement ou maté-
riellement de prendre parti.

N'est-ce pas une excuse pour tous ceux qui, après
avoir honni de confiance, si j'ose dire, Mr Caillaux,
ont trouvé par la suite d'aussi bonnes raisons pour
modifier leur ligne de conduite à son égard.

Seulement, n'est-il pas permis à un vieux philosophe de rester un peu sceptique devant les attitudes
que dicte la fortune du jour ?

J'ai désiré que ce récit fût en quelque sorte au-
réolé par une belle figure sacerdotale dont j'ai fait
la seconde partie de cet ouvrage auquel j'ai donné ce

sous-titre : le Chapelain de Mr Caillaux. Ce prêtre, cet ami, n'a pas abandonné dans l'infortune — comme tellement d'autres ! — l'ami d'enfance, dont il obtint par amitié, pour tant d'ingrats, tant de faveurs. Il représente, dans un siècle où la reconnaissance et la fidélité semblent être de bien caduques vertus, une exception réconfortante, il a bravé simplement les « sépulcres blanchis » pour suivre selon sa conscience la pure doctrine de Celui qui voulut prendre sur lui toutes les misères humaines et affirma qu'en visitant un prisonnier c'était à lui-même qu'on apportait une consolation. Dans nos longues promenades à l'ombre des grands pins maritimes, ce saint homme, avec une impartiale simplicité, nous a raconté ce que ses yeux avaient vu, ses oreilles entendu. Que ces lignes soient un témoignage à sa fidélité.

Après avoir donné un aperçu du rôle indirect de Caillaux au cours des dernières élections législatives en Gironde, j'ai terminé, en essayant de montrer par une peinture aussi vivante que possible ce qui se passe autour du *Revenant* au pouvoir, et combien faibles sont ceux qui l'avaient le plus bruyamment stigmatisé.

Puisse ce petit livre trouver la faveur du public le plus athénien du monde et le plus friand d'histoires, parce que spirituel et volontiers frondeur : j'ai nommé le public français.

LE REVENANT

PREMIÈRE PARTIE

Monsieur Caillaux arriva seul à Arcachon le 26 février 1921. C'est une date historique locale.

Pour voyager, il dut faire un très long détour, car il lui était interdit de passer par Bordeaux. Il fit le tour par Toulouse et la vue du Capitole lui en rappela peut-être un autre, voisin du Rubicon. Lui a-t-il donné l'idée d'y monter ? La Haute-Cour n'avait pas songé à cela !

Un brave commerçant arcachonnais qui me fit part dès le soir même de cet « événement » s'était, à la suite d'un incident amusant, entretenu en compagnie d'autres voyageurs avec Caillaux en gare de Lamothe où ils attendaient le passage du train d'Arcachon.

Mʳ Caillaux arpentait nerveusement le quai, prenait des notes sur un calepin et parlait avec lui-même.

Notre commerçant s'était arrêté pour regarder celui qu'il croyait être « un pecq » (1) et avait pris pour ses gardiens, les policiers qui se dissimulaient derrière la porte de la salle d'attente et qui ne le quittaient pas des yeux.

____

(1) Fou.

Déjà quelques femmes le plaignaient : « Ah !
le « pôvre ». Il n'est pas encore vieux té. On ne
devrait pas le laisser sortir seul ».

A quoi un voyageur répondit d'un ton suffisant:
« Il n'y a rien à craindre, tenez, ces trois messieurs
qui regardent par les vitres de la salle d'attente, ce
sont ses gardiens ».

Se sentant dévisagé, Mr Caillaux s'était arrêté
brusquement, puis avait foncé sur le groupe qui recula légèrement. Mais l'ancien président du Conseil
d'une voie enjouée s'écria :

« Bonjour, mes amis, dans combien de temps
va passer le train d'Arcachon ?

Après l'instant de silence qui suivit la surprise,
l'esprit jovial du Midi reprenant ses droits, le commerçant répondit :

« Oh ! vous savez, Monsieur, on dit souvent
que le Midi bouge, ce n'est pas vrai pour la compagnie qui porte ce nom. Quand un train arrive avec
trente minutes de retard, c'est qu'il est à l'heure. On
sait à peu près quand on part, mais on ne sait
jamais quand on arrive ».

Mr Caillaux rit en frappant amicalement sur l'é-
paule de son interlocuteur, qui pensa tout de suite:
« Té, mais ce n'est pas un pecq. Mais alors pourquoi
ces hommes qui le suivent ? »

Il ne devait pas attendre longtemps pour le savoir. Après un instant de conversation, Caillaux, devi-
nant l'interrogation sur les visages, dit simplement,
mais sans hésiter:

« Vous ne me connaissez pas mes amis ? Je suis Mr Caillaux ».

Ainsi le condamné de la Haute-Cour marqua l'attitude qu'il avait adoptée et qu'il devait toujours avoir: ne jamais dissimuler son identité, protester hautement de son innocence. Il ne se cacha jamais et décela toujours son identité, même dans les milieux qu'il savait lui être hostiles. Cette façon d'agir était une force pour lui. Il le sentit une fois de plus dans le mouvement qui se produisit lorsqu'il déclina son identité. Murmures hostiles, remous ! Mais le vide ne se fit pas, et plusieurs voyageurs même, dont notre commerçant, se sentirent obscurément flattés de se trouver en présence d'un homme dont le monde entier s'était occupé.

L'arrivée du train de Bordeaux interrompit la conversation.

Caillaux s'engouffra dans un wagon de première, tandis que les voyageurs s'égrenaient le long du convoi. Hommes et femmes critiquaient âprement le condamné de la Haute-Cour. Le mot de trahison revenait souvent avec des menaces. Les femmes n'étaient pas les moins dénuées d'indulgence. Mais le meurtre de la femme de Caillaux les occupait plus que la condamnation du mari.

Une charcutière haute en couleurs et qui embaumait les truffes achetées au grand marché de Bordeaux, se distinguait par son indignation agitée :

« Quand il a dit son nom, s'écria-t-elle enfin, *mes sangs* n'ont fait qu'un tour ». Du tac au tac, un commerçant lui cria : « Mais ils sont revenus à leur place lorsqu'il vous a promis de se servir chez vous ! » Incident typique et qui devait se reproduire souvent au cours des séjours de Mᵣ Caillaux à Arcachon. Les plus enragés contre lui, cessaient de l'être en devenant ses meilleurs fournisseurs.

Le train n'était pas encore arrêté que déjà la nouvelle se répandait par les voyageurs gonflés de leur importance. La sortie d'habitude calme et rapide ne se faisait pas. Des groupes se formaient sur le quai même. L'événemeent était vivement commenté, la curiosité retenait tout le monde.

Les deux agents de la police secrète arcachonnaise, étaient là pour le protéger, le surveiller, car la préfecture de la Gironde avait donné les ordres les plus sévères pour qu'aucun incident ne vienne troubler la paix du pouvoir central.

Le commissaire de police, nouvellement arrivé surveillait de loin ce débarquement. Il savait qu'en haut lieu Caillaux avait encore des amis puissants. Il n'ignorait pas, d'un autre côté qu'Arcachon, surtout en hiver est une ville aristocratique et conservatrice.

C'est entre ces deux indications que le commissaire de police d'Arcachon devait manœuvrer. Il le fit avec un tact, qui lui valut dans la suite la reconnaissance des uns et des autres.

Les gendarmes avaient été également mobilisés. On les avait dissimulés derrière les platanes des Quinconces de la gare pour ne pas éveiller l'attention des curieux.

Les policiers parisiens échangèrent avec leurs deux collègues locaux un regard amical.

Et ce regard disait : « Nous vous l'abandonnons. A tout à l'heure au bistro d'en face ».

Un correct valet de chambre, ayant l'allure d'un domestique d'archevêque, portait les valises de l'ancien président du Conseil. Et pour que nul n'ignore quel était le nouvel hôte de la bonne ville d'Arcachon, il dit à haute et intelligible voix au directeur de l'hôtel Régina qui lui demandait des nouvelles de Madame la Présidente : « Merci, merci, Madame Caillaux est en excellente santé. Elle viendra me rejoindre dans quelques jours ». Et promenant un regard clair sur le groupe de ceux qui l'inspectaient, il monta dans un landeau qu'il fit ouvrir. On avait presque l'illusion qu'il allait inaugurer un monument, comme du temps de son ancienne splendeur.

Lorsqu'il fut très loin, un jeune homme s'écria : « Si je ne m'étais pas retenu, je ne sais pas ce qui serait arrivé ».

— Je vais te le dire, moi, répondit un marin gouailleur : « Il t'aurait f.... un coup de poing sur la g.... et « tu te le serais gardé » sans rien dire ».

*
* *

Quelques jours après, j'étais à la gare, lorsque Mᵣ Caillaux gai et alerte descendit d'un landeau avec une belle gerbe d'œillets mauves. Il traversa le hall pour pénétrer sur le quai où allait arriver le train de Paris.

L'employé chargé du contrôle l'avait rappelé: « Monsieur, monsieur, votre billet de quai ? »

Sans se retourner, il cria :

« Je suis Mᵣ Caillaux ».

A quoi l'employé riposta : « Ça m'est égal, Monsieur. Vous seriez le Pape que ce serait la même chose ».

L'ancien président du Conseil revint sur ses pas, remit une coupure au brave homme en lui disant : très bien ».

Je pénétrai à mon tour sur le quai.

Dans le cas où nous aurions ignoré qui il était, il interpella son domestique, très éloigné de lui : « Retenez un porteur, car Madame Caillaux est toujours encombrée d'un tas de valises ».

Le train venait d'entrer en gare. Mᵣ Caillaux inspectait les wagons de première pour y découvrir la blonde silhouette de sa femme. « Madame Caillaux doit être dans ce wagon, cria-t-il, à son valet de chambre, car ses deux mouchards viennent de descendre du compartiment voisin ».

En effet, Madame Caillaux, abandonnant au domestique et aux porteurs ses sacs de voyage et ses cartons à chapeaux, sautait sur le quai et embrassait

son mari, tandis qu'autour d'eux s'attardaient les iné-
vitables groupes de curieux. Mais le Midi ne bougea
pas.

***

Si j'avais été à Paris, j'aurais été interviewer M^r
Caillaux et personne n'aurait songé à m'en faire un
grief.

Nous ne sommes pas à Paris, ici, nous sommes
en Province. La Province est le gras pâturage des
« Dindons de Panurge».

Je me contentais donc au début d'assister de loin
aux faits et gestes de l'ancien président du Conseil.
Je n'avais pas le courage du directeur de l'hôtel Régina à qui quelques pensionnaires posèrent cet ulti-
matum : « Ou Monsieur Caillaux, Ou nous ? » et qui
se contentait pour toute réponse de leur montrer sa
porte, d'un geste impératif.

Quelques-uns, au contraire, heureux de trouver
une diversion, dans un pays où les distractions sont
rares, restèrent à Régina. La vue de Mr Caillaux rom-
pait la monotonie des longues soirées hivernales. Ils
étaient dans un hôtel où il se passait quelque chose.
On le regardait marcher, manger, se moucher. On
s'amusait des allées et venues de ses courtisans, et
surtout de son entourage féminin.

Il y avait à cette époque dans l'hôtel, des pari-
siennes venues à Arcachon pour se reposer des fati-
gues des grandes villes et qui se morfondaient dans

leur solitude bienfaisante. La venue de Mr Caillaux fut
pour elles un événement qui changea la monotonie de
leur existence pharmaceutique.

Elles passèrent dans le camp Caillaux, parce
qu'on y causait avec esprit, qu'on y buvait de l'excellent champagne, puis, par malice pour exciter la colère de ceux qui auraient voulu qu'on laissa le condamné de la Haute-Cour, seul, avec son déshonneur
et, il faut le dire aussi par un léger mépris des sévères
opinions provinciales. En revanche, elles furent immédiatement traitées de gallinacées, formant la basse-
cour de l'ancien Président du Conseil.

L'une d'elles, femme d'un financier parisien, suivait Mr Caillaux comme son ombre. Madame Caillaux
n'en était pas jalouse, car le voisinage de la blonde
Egérie de son mari lui prouvait que ses nuits étaient
plus troublées par la toux que par des rêves volup-
tueux. L'ancien président du Conseil était moins un
don Juan qu'un infirmier compatissant.

Madame Caillaux, à qui une personne « bien in-
tentionnée », — il n'en manque jamais ! — faisait un
jour des allusions empreintes d'une hypocrite sympathie sur l'entourage féminin du Président, répondit
en riant avec un rien de dédain : « Il faut bien que
mon mari se distraie. Sa basse-cour lui fera oublier
la haute ».

Ce qui amusait surtout les pensionnaires obligés de garder la chambre, c'était de voir l'arrivée

quotidienne des deux policiers qui se cachaient dans les fusains d'une villa voisine encore inhabitée, guettant les sorties de M^r et de Mme Caillaux, pour les escorter.

Un jour qu'ils se promenaient suivis d'un seul policier dans cet admirable parc des Abatilles, qui relie Arcachon à Moulleau à travers une forêt toujours verte et le long des dunes riveraines du bassin, (c'était leur excursion favorite), Madame Caillaux, fatiguée, manifesta le désir de revenir à l'hôtel. Son mari voulant poursuivre sa promenade jusqu'à la plage, ils se quittèrent au grand effarement de l'inspecteur, qui se demanda un instant lequel des deux il allait suivre.

Son hésitation fut de courte durée. Ne pouvant pas se partager en deux, il escorta la femme sachant très bien qu'il retrouverait toujours le mari, dont il connaissait l'habitude de causer avec son chien, ce qui le faisait reconnaître de loin. Sa voix sonore et autoritaire facilitait la tâche de ses suiveurs, qui craignaient moins d'ailleurs une disparition discrète de leur client qu'une altercation avec quelque indigène du pays. J'ai déjà dit, en effet, que s'il y a des gens qui cachent leur nom, Caillaux, lui, n'abusait pas de l'incognito !

Il ne savait pas ce que c'était de faire la sourde oreille. S'il n'entendait pas ce qu'on disait de lui, il cherchait à le deviner dans les yeux qui le regardaient.

Si quelqu'un le toisait, il le fixait avec un regard qui semblait dire : « Oui, c'est moi, et après ? »

Un matin, passant devant la chaumière des fleurs, voisine du cimetière, il entendit quelques femmes assises devant la porte murmurer, et un jardinier dire à voix haute : « Té, voilà Caillaux ! » Celui-ci brusquement fit volte-face et pénétra dans la chaumière en disant : « Oui, c'est moi ! Qu'y a-t-il pour votre service ? » Le jardinier s'éclipsa, les femmes piquèrent du nez et Caillaux de se retirer en ajoutant : « Je regrette de ne pouvoir vous être utile ».

La surveillance de Mr Caillaux était d'autant moins difficile qu'il allait presque toujours aux mêmes endroits. Dans la ville haute, c'était le parc des Abatilles qui avait ses préférences, dans la ville basse, il allait surtout chez les commerçants. Presque chaque jour, le pâtissier F... avait sa visite à l'heure du thé. Il était souvent accompagné de Mme Caillaux et de sa petite cour de Régina.

Mais, si Caillaux était un excellent client pour la pâtisserie du Boulevard de la Plage, Mme F..., tremblait à son approche. Les gentlemens de la chasse à courre, n'avaient-ils pas juré d'avoir sa peau, à défaut de celle des renards, qu'ils n'avaient pas toujours.

En costume rouge, comme dans ces gravures anglaises à la mode, ils dégustaient leur porto avec l'intention de provoquer un incident. Faut-il croire que les regards suppliants de la jolie pâtissière eurent raison des plus intrépides ? Admettons cette hypothèse en faveur de leur galanterie !

Ainsi, malgré les haines encore vives, si personne ne consentait à fréquenter Caillaux, on s'habituait à sa présence.

Quand par hasard, il ne prenait pas son thé Boulevard de la Plage, on entendait murmurer : « Tiens, Caillaux n'est pas là » ! Cet homme excitait trop la curiosité — même chez ses ennemis — pour qu'on ne veuille point le voir. Le syndicat d'initiative eut pu le subventionner comme le fit Cornuchet pour attirer le roi d'Espagne à Deauville. C'était le clou de la « season ».

On le voyait quotidiennement chez le fleuriste Queyraud. Chaque matin, Madame Caillaux avait sa gerbe embaumée et souvent il envoyait des fleurs aux dames de l'hôtel Régina qui n'avaient pas craint de lui adresser la parole.

Tout ce qu'on racontait de lui, les louanges comme les insultes dont on le couvrait, ne faisait qu'augmenter mon désir de l'approcher.

Mais la crainte du qu'en dira-t-on me retenait encore, je ne voulais pas aller jusqu'à me cacher pour le voir. En outre, la satisfaction de ma curiosité m'était rendue plus difficile par le fait que mon ami Chiché, ancien député de Bordeaux, l'attaquait dans son journal « L'Avenir d'Arcachon » auquel je collaborais.

On racontait à Arcachon que tout ce qui s'écrivait dans cette feuille avait été élaboré par Chiché et moi pendant nos promenades quotidiennes. C'était exagéré, surtout en ce qui concerne les volées de bois vert que Chiché administrait hebdomadairement à son ancien collègue.

Aussi Caillaux avait-il en manière de représailles, donné au chien de sa femme le nom de Chiché.

Quand il nous voyait arriver, de loin il se mettait à appeler son chien à tue-tête, ce qui faisait rire autant que Caillaux, dont on devinait l'amusement, l'ancien député boulangiste. Celui-ci avait écrit dans son journal « L'insulter serait bête et lâche, mais personne ne doit entrer en relations avec lui. Flétri par la plus haute juridiction, qu'il reste seul... avec son déshonneur ».

Et l'Avenir d'Arcachon avait publié non seulement l'arrêt de la Haute-Cour, mais petit à petit tous les interrogatoires du procès de la Cour d'Assises, dans l'affaire Calmette.

Madame Caillaux qui espérait trouver le calme, le repos et l'oubli fut très vivement affectée de cette publication qu'on lui servait par tranches hebdomadaires.

On racontait à Arcachon que Mr Caillaux allait avoir une explication terrible et violente avec nous. Sans être très rassuré, je souhaitais cette occasion de le connaître. Ce qui me tranquilisait un peu, c'est que, l'ayant souvent croisé, il n'avait jamais pris l'air provocant qu'il affectait souvent lorsqu'il rencontrait des personnes qu'il n'aimait pas. Il esquissait plutôt un sourire narquois, et l'altercation n'eut jamais lieu.

***

Les chasses à courre d'Arcachon avaient cessé avec la guerre. On songea à les reprendre en 1920.

Le directeur de l'hôtel Régina qui rêvait de rivaliser avec Pau, Biarritz et Nice se mit en quête d'un maître d'équipage à qui il offrait l'hospitalité de son palace.

Il fit passer une annonce dans les grands journaux mondains et sportifs et les réponses ne se firent point attendre.

Le choix du Comité s'arrêta sur un ancien officier décoré et très décoratif, habitué des chasses de la Duchesse d'Uzès.

Les conditions lui ayant plu, un beau matin, il débarqua, escorté par une amie charmante et de vingt ans plus jeune que lui, qu'il devait épouser disait-il, quand son divorce avec sa première femme serait prononcé. C'était au demeurant un vrai gentilhomme avec toutes les qualités et les défauts de ceux de sa condition. Les chasses reprirent, et tout le monde admira dès le premier rendez-vous, la belle tenue de ce master, dans son uniforme de chasse, et ses façons aristocratiques.

Le maître d'équipage et sa compagne égayèrent les soirées de Régina et devinrent vite le centre d'une petite agitation mondaine qu'Arcachon ne connaissait plus depuis la guerre. Quand le master arrivait chez Foulon après la chasse à courre, dans sa redingote rouge ouverte sur un impeccable gilet blanc à boutons d'or, on se groupait autour de lui et les joyeux éclats de rire fusaient avec le champagne.

Tout alla bien ainsi jusqu'à l'arrivée de M^r et de Mme Caillaux à l'hôtel Régina, mais alors, la guerre éclata sans merci, car la jolie compagne du master se trouvait être une cousine de Mr Calmette.

Et ce fut l'épisode le plus agité du séjour de Mme Caillaux à Arcachon. Lorsqu'elle descendait à la table d'hôte, la compagne du maître d'équipage posait ostensiblement un revolver à côté de son assiette en déclarant qu'il était plus sûr de prendre ses précautions.

Mme Caillaux faisait semblant de ne rien voir et de ne rien entendre. Mais il n'était pas de jours où il n'y eut entre elles, en dehors des repas, des coups d'épingle. On commençait à s'amuser ferme, et les paris s'ouvraient entre Madame Caillaux et son ennemie, pour savoir qui aurait raison de l'autre.

L'ancien président du Conseil et sa femme montaient beaucoup à cheval. Ils étaient accompagnés

par Mr Belloteau, professeur d'équitation. Le maître
d'équipage lui contesta le droit de porter l'uniforme de
chasse, bien qu'il ait sa licence de gentleman, sous
prétexte qu'il louait des chevaux, mais en réalité parce
qu'il était écuyer de M^r et de Mme Caillaux. Et
c'était entre eux de continuelles disputes.

Un jour qu'il était venu à Régina avec son asso-
cié, Mr de K..., gentilhomme russe, ruiné par les So-
viets, pour établir ses droits au port de l'uniforme, il
trouva le maître d'équipage en train de sabler le
champagne avec quelques membres de son équipage :
« Pique dans la lande ». La chasse allait avoir lieu à
deux heures. Tous étaient en costume rouge.

Alors une altercation terrible éclata dans cette
salle à manger subitement transformée en champ de
bataille, dont l'épilogue eut lieu en justice de paix.

Visiblement ces querelles finissaient par lasser
tous ceux qui n'aspiraient qu'à un repos tranquille,
d'autant plus que Caillaux n'y était jamais directement mêlé et pour cause ! On ne se souciait pas d'entrer en conversation avec lui. Aussi, ce dernier, excédé
lui-même de toutes ces agitations d'oisifs, donna-t-il
au propriétaire à choisir entre lui et le maître d'équipage !

L'hôtelier n'hésita pas une minute, et quand le
maître d'équipage arriva, il lui signifia d'avoir à trouver gîte ailleurs.

« Est-ce que vous me prenez pour votre valet ? »

« Non, monsieur, si vous étiez mon valet, je vous

donnerais vos huit jours, tandis que je vous prie de quitter ma maison aussitôt que possible. Je désire avoir le calme J'ai à choisir entre vous et un autre, j'ai fait mon choix.

Le maître d'équipage se le tint pour dit et s'en alla.

*
**

Le maire et conseiller général d'alors, Mr V. M. ne faisait rien pour apporter l'apaisement dans ces querelles où le prétexte politique masquait les intérêts et les rivalités mondaines. En qualité d'agent de change bordelais, il n'avait pas oublié l'impôt sur le revenu. Voyant combien, somme toute, la présence de Caillaux était acceptée, il disait volontiers avec indignation que « ça ne se passerait pas ainsi, et qu'au besoin il se mettrait à la tête d'une manifestation qui saurait signifier au condamné de la Haute-Cour d'avoir à quitter les lieux où par son séjour il faisait scandale.

Mr Caillaux ne s'émouvait pas outre mesure de ces déclarations et se contentait de dire avec un sourire : « J'ai été Ministre des Finances, Mr V. M. a été syndic des Agents de change bordelais, je ne le vois pas entreprenant contre moi une charge à fond ».

Cependant le bruit exagéré s'étant répandu jusqu'à la Préfecture, de l'agitation qui risquait de troubler le calme d'Arcachon, le Préfet manda notre maire. La Préfecture est souvent pour un maire doublé d'un

Conseiller général, le « chemin de Damas ». Le préfet sut calmer l'humeur belliqueuse du maire qui promit de rester neutre. A partir de ce jour, on commença de sentir le vent tourner, malgré les incidents de moins en moins aigus d'ailleurs, qui devaient encore se produire.

******

Le téléphone marchait ferme entre le Ministère de l'Intérieur, la Préfecture de la Gironde et le Commissariat de Police d'Arcachon qui mettait journellement les autorités au courant des faits et gestes de l'ancien président du Conseil.

Et ce n'était pas tous les jours facile, car Mr Cailaux n'était parfois pas d'humeur patiente. S'il ne se cachait pas, la curiosité des habitants l'exaspérait souvent.

Une bande de cambrioleurs ayant un moment infesté la ville, la police fut renforcée. L'ancien président du Conseil s'imagina que ces mesures le concernaient et vint faire une violente sortie au Commissaire de Police qui d'ailleurs y sut vite mettre fin en donnant avec bonne grâce à Mr Caillaux l'explication de ce déploiement de force.

Celui-ci, rapidement calmé, mais que néanmoins la présence continuelle de deux policiers commençait à énerver, répondit.

« Bien, bien, mais vous ne me direz pas que les deux agents qui me suivent dans toutes nos promenades, sont là pour arrêter les cambrioleurs ».

« Non, monsieur le président, répondit en substance le commissaire, il est très exact qu'on vous escorte, par mon ordre, non pas pour vous surveiller, mais pour vous protéger. Un commissaire de police sait bien des choses qu'il ne peut pas, qu'il ne doit pas dire. On cherche en ce moment à organiser des manifestations contre vous, je désire les faire avorter, et que la paix de la ville ne soit pas troublée.

Permettez-moi, M. le Président, puisque vous avez bien voulu venir me trouver, de vous demander de m'aider dans ma tâche. Tenez, j'ai sous la main l'organe des conservateurs bordelais : « La liberté du Sud-Ouest ». On sent très bien qu'on y déplore la passivité des Arcachonnais et des étrangers à votre égard. On veut réchauffer le zèle de vos ennemis. Ce journal publie un article où il est dit « que les patriotes arcachonnais s'émeuvent de votre présence prolongée et que leur patience est à bout ». L'intérêt de tous est qu'aucun incident regrettable ne se produise. Je m'efforcerai de rendre ma surveillance invisible, et le moment venu, je la supprimerai complètement. Mais d'ici là, je me permets de faire appel à votre prudence.

De ce jour, un pas de plus était fait dans la voie de l'apaisement. De part et d'autre, les concessions étaient faites pour la paix. Une station de villégiature peut-elle connaître les haines éternelles quand tout invite à la joie et au repos ?

Comme ils venaient de parler de Clémenceau, Caillaux eut cette phrase sans haine où pointait l'humour, et qui frappa le Commissaire : « Je n'en veux pas à Clémenceau, dit-il. Il fallait à ce moment un traître, pour raffermir la confiance du peuple angoissé. Si j'avais été au pouvoir, j'aurais peut-être agi de même. C'est lui qui aurait joué le rôle du traître. Je lui en veux si peu que si jamais je revenais au pouvoir, je demanderais à ce qu'on laissât son nom sur les murs des écoles pourvu qu'on l'inscrivît dans la classe d'anglais ! »

Jusqu'au cinq mars qui marqua la fin du premier séjour de Caillaux à Arcachon, aucun incident n'eut lieu, sauf une alerte vive provoquée par les insultes qu'une dame anglaise descendue à Régina, adressa à Madame Caillaux. Une plainte fut déposée, puis retirée avec bonne grâce, sur les instances du commissaire, pour ne pas alimenter les animosités.

Il resta de ce fait, que si les manifestations furent plus rares qu'on ne le pensait, Caillaux n'en demeura pas moins le traître et que celui qui semblait timidement reconnaître les capacités du condamné, ou supposer qu'un jour il reviendrait au pouvoir, était pour le moins vertement repris.

On le subissait, mais on se faisait mettre à l'index en le fréquentant. Il eut été scandaleux de se commettre en sa compagnie, et même ceux qui tout bas, ne lui vouaient pas de haine, se gardaient bien de lui adresser la parole. Cet homme en imposait par son attitude, dédaigneuse de l'ostracisme dont il était l'objet, mais il n'avait pour compagnie que des gens en dehors de la société d'Arcachon.

L'ancien président du Conseil reçut cette année-là un grand nombre d'hommes politiques et de financiers. Il était le conseiller occulte ou non d'un grand nombre d'entreprises. Un groupe de financiers belges vint le consulter. On prétendit même qu'un ancien député réactionnaire était venu le voir sous le couvert d'un déguisement. Mme Malvy et ses enfants furent ses hôtes. D'Estournelles de Constant, l'ami fidèle, qui le défendit de toutes ses forces, et qui paya long-temps de sa popularité sa fidélité à celui qu'il croyait fermement être victime de rancunes politiques, Herriot, Moro-Giafferi vinrent le voir.

Et déjà apparaît un jeune avocat bordelais dont nous aurons à reparler et que des ambitions politiques poussèrent à venir faire sa cour à Caillaux auprès duquel il fut introduit par l'éminent défenseur de Landru, qui le présenta comme aspirant à devenir le chef du parti Caillautiste en Gironde. Nous l'appe-rons Manque le Coche.

Un événement consacra la position acquise par Mᵣ et Mme Caillaux: une foule élégante se rendit au bal organisé par le directeur de l'hôtel Régina à l'occasion du mardi-gras. Madame Caillaux très entourée, y fut remarquée, et aucun incident n'eut lieu.

Avant de partir, l'ancien président du Conseil remercia vivement ceux qui avaient évité que des incidents trop nombreux ne viennent troubler son séjour.

Le moins fâché ne fut pas le Commissaire de Police qui se trouva soulagé d'un grand poids lorsqu'il vit disparaître le train qui emportait un villégiaturant dont il n'avait pas eu à se plaindre, mais qui rendait sa tâche singulièrement délicate.

Il est vrai que Caillaux annonçait son retour prochain.

Nous verrons qu'à son second voyage le vent avait déjà bien tourné. On en était pas encore aux louanges ouvertes, non ! Cependant les insultes furent déjà moins vives, et l'opposition moins marquée.

*
* *

Au commencement de février 1922, le bruit courut qu'Il allait bientôt revenir à Arcachon.

Reviendra-t-il ? Reviendra-t-il pas ? Telle était la question avec laquelle on s'abordait.

La nouvelle était exacte puisque le 14 février, me promenant sur la route des Abatilles avec mon ami Chiché, j'aperçu, assis sur un banc, les deux agents de la police secrète d'Arcachon qui l'an dernier avaient déjà « veillé » sur le président.

Nous dépassâmes en effet un peu plus loin M^r et Mme Caillaux qui se promenaient tranquillement sans souci de leurs gardiens.

Mr Chiché annonça dans l'Avenir du 19 février 1922 le retour de l'ancien Président du Conseil non sans causticité. Mais je pus constater combien l'événement avait déjà moins d'importance que l'année précédente.

*
**

Le ménage était descendu à l'hôtel Régina, où l'on commençait à s'habituer à sa présence.

Mr Caillaux qui était peu monté à cheval en 1921, se mit à parcourir notre admirable forêt avec Mme Caillaux. Il aimait dans ses excursions équestres à parler avec les résiniers perchés sur leurs piteys (1) ou descendant de cheval, à s'asseoir parmi eux sur les troupès (2) de leurs rustiques cabanes. Il se fit ainsi des amis jusque dans les coins les plus reculés de la forêt. Je connais même une cabane où son portrait figure en bonne place. On ne l'enlève que lorsque le député D..., grand propriétaire de pins, ex-co-listier de Mandel fait la visite de ses pignadas.

*
**

Le carnaval 1922 fut très gai à Régina. Le lundi gras il y eut bal masqué et la présence de M^r et Mme Caillaux, contrairement à ce qu'on craignait ne provoqua pas de défection mondaine, où elle fut si rédui-

---

(1) Echasses que les résiniers appuient aux pins pour faire les hautes incisions d'où s'échappera la résine.

(2) Escabeau des résiniers.

te qu'on ne la remarqua pas. Les plus fougueux conservateurs, dont quelques-uns disaient l'année d'avant qu'ils souhaitaient avoir l'occasion de dire publiquement son fait au condamné de la Haute-Cour, avaient accepté l'invitation de Mr Falguières.

On remarquait la table où Mr Caillaux offrait le champagne, tandis que Mme Caillaux en robe de velours noir très décolletée, acceptait, souriante, la curiosité dont elle et son mari étaient entourés.

✳✳

Cependant Chiché n'avait pas désarmé. Il prit un jour fait et cause, sans s'être suffisamment renseigné, pour un jeune homme qui avait cru intelligent de se montrer insolent envers Mr Caillaux. Il s'attira la réponse suivante :

« Monsieur,

« Pendant mes séjours à Arcachon, avec mon mari, j'ai toujours négligé, moi comme lui, de rectifier les récits fantaisistes que vous faites chaque semaine dans votre journal sur nos prétendus faits et gestes. Je ne sortirai de ma réserve que parce que vous m'attribuez une soi-disant altercation avec quelqu'un. Je n'ai eu d'altercation avec qui que ce soit et je n'ai menacé personne.

« Un tout jeune homme, presque un enfant, s'étant un soir, dans le salon de l'hôtel, permis de ricaner en nous regardant, je me suis rapprochée de lui,

3

je lui ai discrètement fait remarquer l'inconvenance
de son attitude vis-à-vis de personnes plus âgées que
lui et je l'ai poliment prié de se tenir tranquille. L'enfant, pris en faute a baissé la tête et *n'a rien répondu*.
Un point, c'est tout. Si, un peu honteux de mon obser-
vation, il a jugé bon de quitter l'hôtel Régina, c'est
son affaire et celle de ses parents... Je ne puis m'empêcher de me demander quel but vous poursuivez en
vous en prenant ainsi à une femme venue à Arcachon
pour se soigner. Ne chercheriez-vous pas à provoquer
un incident ? S'il survenait, c'est vous qui en porte-
riez la responsabilité.

« Je vous assure, Monsieur, de mes sentiments
distingués. »

H. Caillaux.

Les intéressés n'ayant pas usé de leur droit de
réponse l'incident n'eut pas de suite.

Entre temps, chose qui lui aurait été impossible
l'année d'avant, Mme Caillaux put se rendre au thé
dansant le plus sélect d'Arcachon et qui réunissait
chaque semaine toute l'aristocratie mondaine, sans
que personne ne la prenne à partie ou ne se plaigne
de sa présence.

Mais la lettre de « La Présidente » n'avait pas
refroidi le zèle anti-caillautiste de l'ex-député journaliste.

Le dimanche 19 mars 1922, il donnait dans « l'A-
venir d'Arcachon », le signalement de Mr Caillaux :
« Joseph Caillaux, né au Mans le 30 mars 1863 est

âgé de 59 ans. Signalement pour la gendarmerie : taille moyenne, vif, alerte, nerveux, prétentieux, arrogant, rageur, chauve, se fait teindre les rares cheveux qui lui restent ».

Inutile de dire que cette provocation n'eut aucun effet sur l'ancien président du Conseil.

Le politicien bordelais Manque le Coche, présenté à Caillaux par Mr Moro de Giafferi et dont nous avons déjà parlé, poursuivant sa cour, vint un jour donner une réunion publique et contracdictoire à Arcachon en faveur du condamné de la Haute-Cour. On racontait en ville que Mr Caillaux devait la présider. Mais le commissaire n'eut pas besoin de lui conseiller de rester à l'hôtel pour qu'il s'abstienne de permettre par sa présence la bagarre souhaitée.

Manque le Coche se présenta donc seul et tint sa réunion dont tous les détails furent envoyés le lendemain à la préfecture, en un rapport qui relate l'important incident suivant :

« Un membre de l'Action française, Mr D... répondit avec courage et non sans talent à Manque le Coche qu'il traita de Caillautiste.

Le jeune avocat coupa la parole à Mr D... et s'écria : « Oui, monsieur, allez le dire à ceux qui vous envoient ici. Monsieur Caillaux est le chef de notre parti. C'est lui qui le conduira à la victoire. Voilà pourquoi, je vous engage, citoyen, à crier avec moi : Vive Caillaux ! »

Mais chose qu'on eut pas crue possible : à part quelques cris poussés de Vive Caillaux et d'à bas Caillaux, aucune violence ne suivit cette déclaration.

*
* *

Caillaux devait avoir bientôt parmi nous un ardent défenseur en la personne d'un jeune garçon de dix-neuf ans, chétif et pâle, venu avec l'espoir de refaire à l'air des pins, une santé très précaire.

C'était un poète exquis et doux. Il semblait porter ses vers sur son front comme un diadème étincellant, mais lourd. Comme un épi trop gonflé, couché par l'orage dans le sillon, ne peut se relever, cet enfant devait mourir prématurément.

Il m'avait été recommandé par un autre poète génial, son oncle Pierre Louys, qui rêvait d'en faire l'héritier de sa gloire, mais qui eût la douleur de le voir partir avant lui.

Il était le fils de Georges Louis qui fut notre ambassadeur en Russie jusqu'en 1913. Ce jeune homme, timide comme une jeune fille d'autrefois, avait voué une haine farouche à Poincaré, et une adoration sans bornes à Caillaux. Il nous regardait avec de grands airs étonnés parce qu'aucun de nous n'avait eu le courage d'aborder encore l'ancien condamné de la Haute-Cour.

« Et cependant nous différons sur bien des points, répétait ce grand enfant, en examinant ses mains aristocratiques ; Caillaux est un démocrate bourgeois, moi je suis un anarchiste ! »

Sa haine pour Poincaré, son enthousiasme pour Caillaux, ses idées révolutionnaires ne l'avaient pas rendu sympathique à Chiché, qui rachetait son opposition boulangiste d'antan par une confiance indulgente envers tous les ministres qui se succèdent sans jamais se ressembler.

Je n'avais eu jusqu'alors aucun rapport avec Caillaux, mais je devais bientôt le connaître grâce à la mère de notre jeune ami.

En effet, Madame Georges Louis ne tarda pas à rejoindre son fils, dont elle désirait surveiller elle-même la santé. Elle avait pour ce fils, vivant souvenir de son mari, une tendresse profonde qui devait lui rendre plus douloureuse encore la mort de cet enfant.

Une de ces premières visites fut pour venir me remercier d'avoir distrait la solitude de son fils, et vraiment je n'eus aucune peine à lui dire combien moi-même j'avais été charmé par ce jeune poète délicat et affectueux.

Avec une simplicité charmante, Madame Georges Louis sut mettre à l'aise le provincial que j'étais devenu et qui voyait en elle l'ambassadrice de France et les fastes de l'ancienne cour impériale.

Nour parlâmes de choses et d'autres. Elle me dit en termes émus tout le charme de cette idéale contrée que tant d'écrivains célèbres ont chanté : D'Annunzio, Dorgelès, Frondaie, Rosny jeune, sans compter nos bons poètes régionaux comme Maurice Martin,

Nous touchâmes à la politique, et tout de suite elle me parla de Caillaux avec chaleur. Son enthousiasme si manifestement sincère me frappa. Si la virulence des insultes m'avait empêché de m'associer aux ennemis du condamné de la Haute-Cour, les louanges exagérées de certaines feuilles m'avait également tenu sur la réserve. Cette fois-ci, j'eus réellement envie de connaître un homme dont on pouvait dire à la fois tant de mal et tant de bien.

Lorsqu'elle avait dit : Caillaux, Madame Georges Louis avait tout dit. Caillaux seul pouvait sortir le Pays de l'embarras financier où il se trouvait. Caillaux pour elle était la victime d'une effroyable et grossière iniquité. Le destin lui devait une revanche et il la lui donnerait : « Vous verrez, me dit-elle, qu'il reviendra. L'excès même des tribulations que souffrit Caillaux, les irrégularités flagrantes dont fut entouré son procès, l'indignité d'une question subsidiaire posée après coup, sans défense possible, lui ont valu la sympathie de gens qui ne partageaient absolument pas ses idées politiques et que son action au moment d'Agadir avaient violemment indisposées contre lui. Cette sympathie fera son chemin, elle fera qu'il ne sera point oublié, et on se souviendra que ceux mêmes qui voulaient le perdre en faisant examiner les sources de sa fortune, eurent le désagrément de voir l'expert verser au dossier une pièce dont les chiffres mêmes étaient un hommage à l'intégrité de l'accusé. Et

cette sympathie lui vaudra de nouveau la confiance
politique de ses concitoyens ».

Bien qu'il m'eut été donné de voir combien l'opinion se faisait moins sévère à l'égard de Caillaux, je
doutais encore qu'il lui soit possible de revenir au
pouvoir. Madame Georges Louis s'aperçut de mon
scepticisme, car elle me demanda soudainement :

— Mais au fait, vous devez connaître Caillaux,
n'at-il pas été l'hôte d'Arcachon l'an dernier ? Ne
l'est-il pas en ce moment ?

— Oui, lui répondis-je.

— Eh bien, alors ? Vous, journaliste, vous n'a-
vez pas eu l'idée d'aller le voir, d'aller causer avec lui
sous couleur d'interview ? De vous rendre compte par
vous-même de ce qu'il était ?

Je dus avouer, un peu honteux que jusqu'à présent je n'avais pas osé le faire, craignant de me compromettre.

— La province est terrible ! Madame. Les Provinciaux inexorables ! Je vous prie de croire cependant que si j'avais été en mon for intérieur un partisan de Caillaux, je serais allé le voir. Mais je suis
toujours resté sur l'expectative : il n'y a pas de fumée
sans feu me disais-je, pardonnez à ma franchise cet
aveu ! »

— Vous êtes un monstre, me dit en souriant
l'ancienne ambassadrice. Il vous était certes permis
même de ne pas aimer Caillaux, mais vous avez failli
à votre devoir professionnel. De plus, vous avez perdu

de bonnes occasions de causer avec un homme d'esprit dont la conversation n'est pas à dédaigner, à tous points de vue. C'est tant pis pour vous !

— Oui bien, Madame. Mais à tort ou à raison, l'ancien président du Conseil est en quarantaine dans un monde qui est le mien. Arcachon n'est pas loin de Bordeaux... et vous n'ignorez point que Bordeaux est le pays de l'étiquette !

— Oui, répliqua mon interlocutrice, des étiquettes de vin ! Je vous croyais plus indépendant.

Le lendemain de cette conversation, je présentai Madame Georges Louis à mon ami Chiché. Elle eut avec lui des conversations épiques sur Poincaré, Clemenceau, les procès politiques et les responsabilités de la guerre. L'ancien député de la Gironde eut fort à faire pour ne pas être submergé par l'impétuosité de cette femme qui défendait ses convictions avec la même ardeur passionnée qu'elle mettait à défendre la mémoire de son mari. Lorsqu'elle parlait de lui on était véritablement saisi de respect. Un jour elle dit à Chiché :

« Lorsqu'on veut perdre un homme politique, on trouve toujours de quoi le faire tomber ».

Et elle se fit fort de lui montrer qu'on pourrait, si l'on voulait dresser une accusation contre tous les grands hommes politiques, à commencer par Clemenceau, « ce grand anglais ! ». Chiché en fut suffoqué, mais elle obtient quand même de lui, par sa bonne grâce, qu'il s'abstiendrait désormais d'attaquer heb-domadairement M^r et Mme Caillaux dans son journal.

A part moi, je marquai le point. Un pas de plus était fait en faveur du condamné de la Haute-Cour.

— Mais ne me demandez pas de faire l'éloge du condamné, lui dit le Directeur de « l'Avenir d'Arca-chon ».

— Pas encore ! répondit seulement Madame Georges Louis.

— Quant à vous, me dit-elle, je vais vous pré-senter à Caillaux avant mon départ.

Nous étions au 5 avril 1922, l'ancien président du conseil devait partir le 8 pour aller à Mamers as-sister au mariage de sa nièce.

En 1921, j'aurais décliné cette offre, en 1922 j'acceptai, non sans un peu de crainte je l'avoue, com-me lorsqu'on se trouve avoir pris brusquement une dé-cision nécessaire, sans qu'on puisse prévoir exacte-ment ce qui en résultera. Mais je sentais qu'il ne m'était plus possible de différer cette rencontre que par ailleurs je désirais.

Malheureusement le rendez-vous ne fut pas pos-sible, ce n'est qu'à son troisième passage que je pus connaître Caillaux.

*
* *

Le début du dernier séjour de M^r et de Mme Cail-laux à Arcachon faillit être marqué par un incident.

Le propriétaire de l'hôtel Régina ayant offert ses salons pour un concert classique organisé par un

Comité de fêtes, avec le concours du quatuor Poulet, sous la présidence de S. A. R. l'Infante Eulalie, tante du roi d'Espagne, un membre du Comité s'avisa soudain que la présence de Caillaux rendait impossible le concert en cet endroit, à moins que le président ne s'abstienne d'y assister. On alla même jusqu'à demander au Commissaire d'en interdire l'entrée à Caillaux. La chose était difficile, mais il alla le trouver, et lui fit part du trouble dont il était cause. L'ancien ministre des Finances ne fit que rire de cet émoi. Il promit d'ailleurs volontiers, en son nom et pour sa femme, de ne pas assister au concert, afin que l'ordre ne risque pas d'être troublé.

Il fut en fin de compte décidé que la fête n'aurait pas lieu à l'hôtel Régina mais à l'hôtel Victoria.

Cet incident provoqua la démission du secrétaire du comité, le vicomte M. P. qui fit ressortir avec ironie tout le ridicule qu'il y avait à refuser l'entrée payante d'un lieu public à quelqu'un dont le séjour était autorisé, et toute la pauvreté de cette escarmouche. On lui mit en avant la présence de l'infante Eulalie, mais sans conviction, car nul n'ignorait sa liberté de pensée, son libéralisme et son indulgence envers les idées républicaines qui la faisaient mal voir de certains milieux pharisaïques.

Je devais en avoir moi-même la preuve, lorsque quelques jours plus tard, au cours de ce fameux concert, j'eus l'occasion de m'entretenir avec l'infante Eulalie.

L'histoire de l'affollement qui avait saisi le comité à la pensée que M^r et Mme Caillaux assisteraient en même temps qu'elle au concert, l'avait beaucoup amusée. Elle m'en parla avec esprit.

Caillaux devait au surplus prendre une revanche peu méchante, mais qu'il savoura par le ridicule dont elle couvrit les organisateurs et le dépit qu'ils en ressentirent. Il retint à déjeuner et à dîner le quatuor Poulet dont il était l'ami et dont ils furent, Madame Caillaux et lui, les auditeurs privés.

— Quelqu'un est-il venu en mon absence ?

— Oui, monsieur. Voici une carte.

A ma grande stupéfaction, je lus :

Joseph CAILLAUX

Une visite de Mr Caillaux ! Pourquoi ?

Une lettre que je reçus le lendemain de Madame Louis devait me fixer. Elle m'écrivait :

« J'ai reçu un mot de Mme Caillaux, très satisfaite de son séjour à Arcachon. Le Président vous est reconnaissant de m'avoir aidée à obtenir la neutralité du journal de l'aimable Mr Chiché. Il a contribué à créer autour de mes amis une atmosphère de paix qu'ils n'avaient pas connue pendant leurs premiers séjours. Le Président a manifesté le désir d'aller vous remercier ».

Perplexe encore, je me demandais si je devais saisir cette occasion qui m'était donnée de connaître l'ancien président du Conseil, ou si décidément j'allais rester sur mes positions.

Un de mes amis me conseillant vivement de ne pas hésiter et de faire œuvre, non de partisan, mais de journaliste, je me décidais un soir de décembre 1922 à rendre visite à Mr Caillaux.

A peine annoncé, il vint à moi, le pas vif, la main tendue, enveloppé dans un nuage de fumée.

Nous nous assîmes dans un coin du salon, et tout de suite il engagea la conversation, cordial et gai.

Il vit malgré moi mon trouble soudain. Nous autres journalistes de province ne sommes pas habitués comme nos confrères parisiens aux bonnes fortunes des grandes rencontres, et malgré tout, de me trouver subitement en face d'un homme qui avait tenu entre les mains les destinées de la France, et dont le procès avait soulevé tant de passions, m'impressionnait un peu.

Pour me mettre à l'aise, Caillaux me dit tout de suite son admiration pour Arcachon, les promenades merveilleuses qu'il avait faites dans la région, et me fit part de son désir, pour s'y sentir mieux encore, d'y louer une villa. C'était me placer sur mon « dada » ! car il n'ignorait point, assurément mon amour pour ce délicieux coin de France, où l'on peut encore trouver des endroits sauvages et isolés, et s:

sentir vivre vraiment en communion avec toutes les forces de la nature.

Je lui indiquai quelques promenades à faire et lui offrit de lui aider à trouver une villa.

« J'en sais une qui vous plairait, certainement et que son propriétaire désire justement louer : Les Orchidées ».

« Oh ! parfait si cela se pouvait, me dit le président, j'ai souvent admiré sur la place des Palmiers cette belle villa en pierre de taille, qui contraste avec la plupart de vos constructions en briques légères. Je me suis laissé dire qu'elle appartenait à un admirateur de Napoléon Ier »

« Précisément, il s'agit de Mr René de V. de R., sa maison est un véritable musée à la mémoire du premier consul. Il a pour Napoléon un véritable culte d'où lui vient son antipathie non moins profonde des Anglais et de Clemenceau. Mr de V. de R. dont la femme vient d'être gravement malade, désire restreindre son train de vie, et il aimerait louer à quelqu'un qui saurait apprécier la maison et les objets d'art qui lui seraient confiés ! Voulez-vous que je m'enquiers auprès de lui s'il consentirait à signer un contrat avec vous ? »

Cette offre acceptée, nous parlâmes naturellement politique, et ce fut avec une fougue pleine de jeunesse que Caillaux se mit en devoir de me démontrer que contrairement à la pensée de ceux qui prolongèrent la guerre — et le désastre — en rejetant successivement les propositions de paix offertes par l'Autriche, l'Allemagne et la Russie, la victoire s'était soldée par la ruine de toutes les nations belligérantes ; d'où les crises économiques et financières que traversent tous les pays. Autrefois, les guerres pouvaient se terminer par des victoires, parce qu'elles n'engageaient que deux ou trois nations, des armées réduites, puisqu'elles n'étaient pas composées de la nation armée. Ainsi la vie intérieure du pays, industrielle, commerciale, agricole, en était peu ou pas atteinte. En outre, l'état de la civilisation n'avait pas encore amené cette interpénétration et cette interdépendance actuelles des pays.

J'écoutais un peu ahuri cet homme d'aspect jeune et plein de santé. J'avais peine à me figurer que j'avais devant moi celui qui s'était défendu âprement contre la pire des accusations, qui avait été préventivement traité sans ménagements, qui avait subi de longues années de détention avec la perspective d'une condamnation à mort possible et qu'un jugement infamant avait flétri devant le monde entier. Malgré moi, une sorte d'admiration me saisissait, moins pour l'homme que pour l'énergie formidable que représentait la sortie vainqueur d'une lutte aussi gigantesque. Je me demandais si vraiment il était possible de paraître aussi dédaigneux du dédain des autres, s'il était possible de se montrer en public sans honte, de faire encore des projets d'avenir, sans avoir au moins pour soi, et avec la plus entière bonne foi, la certitude de son innocence et d'être la victime d'une énorme injustice.

Lorsque la conversation prit fin, Mr Caillaux m'accompagna jusqu'à la porte du Palace. Le hall était plein de voyageurs prenant le thé sur des petites tables d'osiers. On me regardait pour mettre sur ma figure le nom d'un homme politique connu, car il en venait souvent, qui jouaient les Las-Cases auprès de leur grand homme exilé.

J'entendis murmurer : Ce doit être Malvy ! » Je n'en fus pas autrement fier, je l'avoue, car Poincaré, n'avait pas encore à ce moment-là tenté son tardif essai de réhabilitation, envers le proscrit de Saint-Sébastien.

*
**

J'allai trouver chez lui Mr de V. de R. et j'obtins facilement de lui qu'il veuille louer à Caillaux sa villa.

Ce fût lui-même qui se rendit chez l'ancien président du Conseil pour débattre le contrat de location. L'accord se fit sans peine, d'ailleurs, et Mr de V. de R. ne se montra pas seulement satisfait de laisser en de bonnes mains son habitation-musée, mais fort content d'avoir pu s'entretenir avec un homme dont la conversation l'intéressa vivement.

Il m'en fit la confidence, le jour même où les signatures du bail avaient été échangées. Quelques instants après cet entretien, un agent de location m'af-

firmait ses grands dieux que jamais on ne trouverait
dans Arcachon, propriétaire ou agent de location con-
sentant à s'aboucher avec Caillaux. Avec un malin
plaisir je lui désignai séance' tenante le propriétaire du condamné de la Haute-Cour. Et la surprise
que je lus dans les yeux de mon interlocuteur, ne fut
pas si grande certainement que le regret d'avoir manqué une bonne affaire.

*
* *

Ce fut donc dans le somptueux décor napoléo-
nien des « Orchidées » que s'installa Mr Caillaux.

Il dût avoir plus d'une méditation, au milieu de
tant de souvenirs qui rappelaient la gloire, l'ambition,
la défaite, et la fin de celui qui fut presque le maître
du monde. Dans son cabinet de travail figurait justement la reproduction du marbre de l'Italien Vela, dont
l'original se trouve au Musée de Versailles, représentant les derniers jours de Napoléon Ier.

«L'œuvre est poignante: le mourant ramène sa
couverture sur ses genoux d'une main fébrile. A quoi
songe ce visage crispé par la douleur physique et
morale? Sans doute aux éclatantes victoires, aux
fautes qui provoquèrent la chute et firent du puissant
empereur le douloureux prisonnier de l'Angleterre.» (1)

Tout ce que Paris compte aujourd'hui de politiciens arrivés, députés, sénateurs, ministres ou futurs

____

(1) « Avenir d'Arcachon » du 16 Mars 1924 - Albert Chiché.

ministres, passèrent dans les salons de la villa des
«Orchidées»: Journalistes, auteurs dramatiques, musiciens, un grand sculpteur dont nous aurons l'occasion de parler longuement, financiers, furent les
hôtes de Mr. Caillaux en 1922 - 1923.

Madame Caillaux faisait les honneurs de ses
salons avec une grâce charmante.

Dans le vestibule un domestique en livrée intro-
duisait les visiteurs dans le grand salon qui fait revivre le 18e siècle.

Un beau pastel dès l'entrée attire nos regards :
le portrait, en uniforme, de V. de R. garde du corps
de Louis XVI. Sur la cheminée, une délicieuse pen-
dule en biscuit de Sèvres : Les trois grâces, dont l'une
de son doigt levé indique l'heure fugitive. L'original,
du sculpteur Falconnet fut assuré un million lorsqu'il
fut exposé à Paris.

On ne restait pas longtemps dans le grand salon, car Mme Caillaux préférait la loggia Louis XVI
qui s'étend sur toute la longueur du grand salon
et du cabinet de travail. « Tout y semble palpiter sous
les rayons du soleil, même dans son cadre, Joseph V.
de R., officier de la marine royale sous Louis XVI,
frère d'Achille (1) ».

Tous les amis venus de loin pour causer avec
Mr Caillaux étaient invités aux repas de famille. Un
valet après avoir ouvert les portes à deux battants ne

____

(1) « Avenir d'Arcachon » du 16 Mars 1924 - Albert Chiché.

manquait pas d'annoncer : « Monsieur le Président est servi ! »

La table était celle d'un grand bourgeois ; on se sentait chez des gens du monde et non chez des parvenus rachetant leur manque d'éducation première par l'abondance des plats.

Le cadre se prêtait à ces réceptions.

« La salle à manger est de style Renaissance. Au fond, une admirable cheminée en bois sculptée, soutenue par deux cariatides, et surmontée de deux splendides aiguières en bronze doré, aux armes de Diane de Poitiers. Une statuette en porcelaine la représente vêtue d'un long manteau bleu bordé d'hermine. Elle semble se croire chez elle. Les chaises, les fauteuils, le buffet, le lustre, tout lui rappelle le Château de Chenonceaux qu'elle tint de la munificence de son royal amant (1) ».

La loggia était une serre embaumée de toutes les fleurs que M' Caillaux et ses hôtes offraient à Mme Caillaux.

Le fournisseur attitré des « Orchidées » était le fleuriste Queyraud dont nous avons déjà parlé. Presque tous les hommes politiques qui visitèrent M' Caillaux sont passés par le magasin du Boulevard de la Plage. Si Queyraud va à Paris et qu'il veuille assis-

____

(1) « Avenir d'Arcachon » du 16 Mars 1924   Albert Chiché.

ter à une séance à la Chambre, il ne sera pas embarrassé pour obtenir une carte de ses anciens clients Caillautistes.

Un matin, l'ancien président du Conseil ayant été chercher à la gare, Moro-Giafferi, celui-ci ne voulut pas arriver aux « Orchidées » sans fleurs pour « Madame la Présidente ». On fut donc chez le fleuriste. Tandis qu'il confectionnait les gerbes de fleurs, deux messieurs très connus à Arcachon, dans le grand monde, remarquèrent la présence de Caillaux chez le fleuriste. L'un d'eux dit à la cantonade: « A bas Caillaux ! »

Mal lui en prit.

Le marchand reconnut en lui un débiteur de longue date qui ne se pressait guère de la payer. Il bondit hors de son magasin et lui cria :

— Eh ! dites donc, c'est très joli « A bas Caillaux », mais ce ne serait pas mal non plus si vous veniez payer votre note.

Le gentleman poursuivit son chemin sans demander son reste.

On rencontra moins fréquemment en ville, Caillaux cette année-là, car il montait beaucoup à cheval avec Mme Caillaux, et faisait de l'auto. Il avait même voulu apprendre à conduire lui-même. Cela ne manqua pas d'inquiéter sa femme qui redoutait les mouvements brusques de son mari. Elle n'avait pas tort.

Un matin, tandis qu'il prenait une leçon avec son chauffeur sur la route du Moulleau, il donna dans un virage un si fâcheux coup de volant, que c'est miracle s'il n'y eut pas d'accident.

Un passant ne put s'empêcher de dire à mi-voix : « S'il conduit ainsi le char de l'Etat, gare au capotage ! »

Je crois qu'il renonça dans la suite à obtenir son brevet de chauffeur.

Il était aussi nerveux à cheval qu'au volant de son auto.

Il prenait ses chevaux chez le brave et légendaire M., son premier écuyer, Belloteau ayant quitté le pays.

— Oh ! il montait bien, nous racontait le gros M. avec la liberté de langage qui est un des charmes de sa conversation gasconne.

« Seulement, il me f... mon cheval en sueur, tellement que je me suis permis de lui faire des observations. Quand je dis : des ! je veux dire une ! car il il a si mal pris la première que je ne lui en ai jamais faite une seconde, té !

« Il avait comme ça des colères terribles, mais elles ne duraient pas, il suffisait de s'expliquer franchement. Surtout, il ne fallait pas qu'on ait l'air d'essayer de se moquer de lui ou de vouloir le refaire.

« Je me rappelle, un jour, ah ! « Diou biban » (1) je le vois entrer en coup de vent, sa note du mois à la main, persuadé que j'avais augmenté le nombre de ses promenades. il commence à crier son mécontentement. A part moi je riais : Figurez-vous, que j'avais juste dans mon écurie un gros client bordelais qui me disait souvent : Ah ! je voudrais bien le rencontrer votre Caillaux pour lui sortir ce que j'ai sur le cœur. Hé « que je me pensais », nous allons rire. Je laisse passer l'orage. Point de réponse ! Je me retourne. « Té ! Plus personne ! Mon client s'était éclipsé ! »

Et notre homme de rire.

Il en était ainsi bien souvent, lorsque Caillaux rencontrait un de ses détracteurs. C'était à croire vraiment que leurs haines patriotiques n'étaient soutenues par aucun raisonnement personnel sérieux, et appartenaient à leur patrimoine de conventions mondaines.

Un incident digne d'une comédie de Molière devait troubler le dernier séjour de M^r et Mme Caillaux.

Le médecin ayant ordonné à la présidente l'ingestion à chaque repas d'une nouveauté pharmaceutique nouvellement lancée, commande en fut passée, avec l'ordonnance, au pharmacien. Or, cette médecine se prenait suivant la préparation, par la bouche ou par un moyen plus... secret. Notre pothard, se trouvant démuni de la préparation sous forme de méde-

____

(1) Dieu vivant.

cine à prendre aux repas, envoya l'autre ! que sans
plus d'attention la présidente prit en cuillerées à bouche. Cette erreur fut cause de violents troubles intes-
tinaux, qui firent croire à un brusque empoisonnement. Or le beau- père du préparateur, également
fournisseur de Caillaux avait un fils inscrit au groupe
d'Action française d'Arcachon.

L'imbroglio était complet ! Voyant sa femme
souffrir si fort, peu de temps après qu'elle eut pris
sa médecine, Caillaux, suivi de son domestique porteur d'une lanterne, car cela se passait après dîner
en hiver, ne fit qu'un bond jusqu'à la pharmacie.

Une scène épique eut lieu. Avec de grands gestes
et des éclats de voix qui attiraient les curieux aux
fenêtres, l'ancien président du Conseil accusait le préparateur d'avoir voulu empoisonner Mme Caillaux.
Ceui-ci qui pour avoir simplement fourni une spécia-
lité, n'avait plus souvenir de l'ordonnance, ne compre-
nait rien à cette sortie nocturne, et n'arrivait pas à
placer un mot.

Il se ressaisit cependant, et demanda que l'ordonnance lui fut montrée et qu'on lui dise comment
l'indisposition s'était produite. Il put alors expliquer
la méprise : l'ordonnance ne portait pas l'usage qu'on
devait faire de ce nouveau remède. Il avait remis la
seule préparation qu'il avait en magasin et qui portait
bien sur l'étiquette de quelle façon il devait être em-

ployé. L'indisposition, assura-t-il, n'aurait pas de suite. Ce qui fut en effet.

Un après-midi de février, ensoleillé comme un beau jour de printemps, nous avions projeté, Chiché et moi, d'aller assister sur la dune des Abatilles au coucher du soleil, et nous nous y rendions, lorsqu'à un tournant de la route, j'aperçus M^r et Mme Caillaux. Lui, très jeune dans sa démarche et son complet gris, elle, jeune aussi, et les bras chargés des premiers genêts en fleurs.

Ils étaient encore trop loin pour nous reconnaître.

— Mon cher ami, dis-je à Chiché, prenons ce petit sentier qui conduit à la cabane du résinier.

— Pourquoi ?

— Parce que voilà Caillaux, il voudra probablement causer quelques instants avec moi et il me sera difficile de ne pas m'arrêter.

— Eh bien ?

— Vous avez été sévère pour eux, Mme Caillaux vous a écrit une lettre qui ne témoignait pas d'une grande sympathie... C'est réciproque d'ailleurs ! Alors dans ces conditions... voudriez-vous les rencontrer ?

— Je ne céderai pas le pas à Caillaux. La route est à tout le monde. Il ne manquerait plus que ça. Je passerai.

Et faisant le moulinet de sa canne, il prit son air des réunions publiques, lorsqu'il faisait acclamer le nom du général Boulanger par les ouvriers des docks bordelais.

Il va y avoir du tirage, pensais-je.

Mr Caillaux m'arrête, me présente à Mme Caillaux. Nous nous mettons à causer et je ne m'occupais plus de l'ami Chiché, pensant qu'il avait poursuivi sa route vers la dune.

A un moment donné, je me retournai : il était là, la main au chapeau avec un sourire qui semblait dire : « Eh bien, qu'attendez-vous pour me présenter ? »

Tant pis pour les explications, pensai-je et je fis les présentations, devant quelques curieux arrêtés.

Chiché souriant, dit à Caillaux déridé :

— Il y a vingt ans que je n'avais eu le plaisir de vous voir, cher ancien collègue.

Celui-ci répondit :

— En effet, depuis 1902.

Et ils se serrèrent la main comme deux députés qui viennent de s'eng.... à la tribune et qui fraternisent à la buvette.

Madame Caillaux avait un sourire narquois que je n'oublierai jamais, lorsque Chiché, aimable comme un marquis du Grand Siècle, la pria de se joindre à notre cercle ambulant des Abatiles, dans ses promenades. Elle accepta de la meilleure grâce du monde, marquant ainsi son triomphe.

*
**

Elle vint un jour se joindre à nous, moins pour se promener que pour nous raconter, dans le cas où des bruits tendancieux l'auraient dénaturé, un incident qui s'était produit la veille à Bordeaux, entre elle et une dame qui s'était montrée insolente à son égard et qu'elle avait giflée. Elle fut charmante, et Mr Chiché traduisit ainsi dans son journal du 6 mars 1923 les impressions de cette première et dernière promenade:

« Je la détestais sans la connaître. Je me la figurais comme une furie, l'œil sombre, les traits durs, l'allure cassante telle Tisiphone ou Mégère.

« Lorsqu'on me la désigna au mois de janvier dernier sur la route des Abatilles qu'elle descendait avec son mari, elle m'apparut bien différente, blonde et rose, encore jeune, souriante, mise avec une élégante simplicité. Quelque temps après, je lui fus présenté. La cordialité de sa poignée de main, son accueil affable, sa conversation enjouée, me la rendirent plus sympathique.

« J'eus, depuis, des occasions fréquentes de la rencontrer sur la place des Palmiers. Je voulus en profiter pour provoquer des confidences. « Vous venez de beaucoup souffrir, Madame, » insinuai-je un jour. Elle répondit simplement : « Ne parlons plus de cela ». Et la conversation reprit sur d'autres sujets.

« Mais il ne faut pas plus se fier aux apparences qu'aux eaux dormantes. Vive et impressionable, Madame Caillaux ressent profondément les injures et n'est pas d'humeur à les tolérer.

« Pendant son séjour ici, elle montait à cheval, en cavalier et faisait du piano à quatre mains avec l'une de nos jeunes artistes les plus distinguées. La musique, dit-on, adoucit les mœurs, Mr Caillaux, lui, ne l'aime pas, ce qui n'empêche pas le ménage de vivre en parfaite harmonie.

« Vous oubliez, me dira-t-on, que cette femme aimable a tué un homme. En effet, mais elle fut acquittée par le jury de la Seine. Inclinons-nous devant ce verdict, dont il convient de tirer la leçon suivante pour nous : « Un journaliste ne doit jamais mêler les femmes à ses polémiques ; publier des lettres intimes provenant d'un vol est une action infâme qui excuse la vengeance.

« Au reste, dans des cas semblables ou analogues, l'acquittement a presque toujours lieu. Nous en avons de nombreux exemples. Nous avons eu plus fort en 1914. Ce n'était pas une femme sensible, nerveuse, mais un homme, qui, lâchement, par derrière, assassinait Jaurès. Pourquoi ? par fanatisme politique. Et le parti socialiste, privé de son chef, refusa lui-même la condamnation de l'assassin. Son acquittement provoqua l'enthousiasme des nationalistes qui, demain s'indigneront si le jury acquitte la jeune communiste qui vient de tuer un des leurs.

« Au lieu d'apprécier différemment les mêmes actes suivant nos passions, nous devrions adopter un principe invariable : celui du respect de la chose jugée. Lorsque douze citoyens français, après avoir juré devant Dieu et devant les hommes d'examiner avec l'attention la plus scrupuleuse les charges portées contre l'accusé ; de ne trahir ni ses intérêts, ni ceux de la société ; de n'écouter ni la haine, ni l'affection et de se décider suivant leur conscience et leur intime conviction, avec l'impartialité et la fermeté qui convienne à un homme probe et libre ; lorsque ces douze jurés ayant entendu les témoins, l'accusation et la défense déclarent sur leur honneur et sur leur conscience que l'accusé est innocent, il est vain pour des gens sans responsabilité et sans mandat, ne connaissant bien souvent l'affaire que par leur journal, de s'insurger contre un verdict. » (Albert Chiché, ancien député de Bordeaux.)

Cet article ayant valu à son auteur des protestations indignées, il crut bon de montrer qu'il n'était cependant pas devenu Caillautiste, et qu'il entendait poursuivre sa lutte.

Aussi, quelques temps après, publia-t-il dans le numéro du 13 mai de son journal l'arrêt de la Haute-Cour condamnant l'ancien Président du Conseil et il ajoutait les considérations suivantes :

« Cet arrêt, parfaitement motivé, ne permet pas aux amis de Mr Caillaux de prétendre que celui-ci fut une innocente victime du Tigre.

« Il n'autorise pas non plus ses adversaires à le représenter comme un traître qui vendit sa patrie à l'Allemagne. Les uns et les autres altèrent la vérité... Pour comprendre la conduite de Mr Caillaux, il est nécessaire de bien le connaître. Ayant eu l'occasion, pendant ces derniers mois, de l'observer et de causer avec lui comme on cause avec un ancien collègue lorsqu'on le rencontre par hasard, je crois pouvoir porter sur lui, le jugement suivant : nerveux, léger, frivole, énergique, courageux, combattif, présomptueux, dévoré d'ambition, doué d'éminentes qualités, mais privé de jugement. Il ressemble à un beau navire qui, faute de gouvernail, ira se briser contre les rochers.

« Il compose des livres, il écrit dans de mauvais journaux, il corrige beaucoup d'épreuves, mais les épreuves ne l'ont pas corrigé, car il continue des machinations, des combinaisons et des intrigues politiques avec des personnalités de parti radical dont le succès, aux prochaines élections législatives, pourrait le ramener au pouvoir après une réhabilitation ou une amnistie... Voilà pourquoi Mr Caillaux dans son séjour de quatre mois à la villa des « Orchidées » n'a pas beaucoup joui des beautés de la nature ».

Malgré tout ce que pouvait écrire Chiché contre lui, Mr Caillaux, ainsi que le prouve le passage de cette lettre qu'il m'écrivit de Mamers le 12 juillet 1923, lui garda de son article élogieux sur sa femme, un souvenir reconnaissant :

« Mes amitiés très vives à vos amis, écrivait-il, en particulier à M. P... et même à mon ancien collègue Chiché qui m'a envoyé tant de paquets, mais auquel je pardonnerais tout, si tant est que j'attachasse de l'importance à ces misères, pour son article sur Madame Caillaux. Ce geste-là m'a touché ».

Les cochers, encore maintenant, ne manquent pas de dire à leurs clients en passant devant les « Orchidées » :

« Voilà la villa qu'habitait Mr Caillaux. »

On avait finit par supprimer l'escorte policière de l'ancien ministre des Finances, mais on avait chargé un employé de la mairie de surveiller les allées et venues de ceux qui venaient visiter Mr Caillaux.

Ce vieil employé, très apprécié dans l'administration et respecté par ceux mêmes contre lesquels il verbalisait, avait établi son poste de police dans les vespasiennes de la place des Palmiers, d'où l'on voyait très bien, à travers les buissons qui les entouraient, la terrasse des « Orchidées ».

Mr Caillaux qui n'avait pas été long à découvrir ce manège, disait à un ami : « Qu'est-ce que vous voulez, il faut que tout le monde vive, mais ce brave homme ne pourra pas dire que son argent n'a pas d'odeur ».

*
**

— Allons donc ? Ce n'est pas possible. Puisque je te dis que je l'ai vu comme je te vois. Il est arrivé hier soir par le train de huit heures, tout seul, dans l'auto. Il avait une gibecière de cuir noir retenue à l'épaule par une courroie, et portait un sac de tapisserie marron.

— Il était en soutane ?

— Oui, une soutane un peu courte qui laissait voir des gros souliers de paysan. Mʳ Caillaux est venu au-devant de lui dans le jardin, et il se sont embrassés.

— Ça devient très intéressant dit l'employé chargé de la surveillance, au laitier qui lui apportait cette nouvelle.

— Est-il grand ce curé ?
— Non.
— Maigre ?
— Plutôt.

— Je vois ça d'ici, c'est Malvy, déguisé en curé, qui vient de Saint-Sébastien pour voir M. Caillaux. Et dans tout Arcachon ce bruit courut.

*
**

Ce n'éait pas Malvy, mais bien un prêtre de la Sarthe, — comme nous l'apprîmes vite — un ami d'enfance de Caillaux et dont nous aurons bientôt à parler longuement.

Très vite nous l'appelâmes le Chapelain de Mr Caillaux, et Chiché disait que sûrement, tourmenté de remords, le condamné de la Haute- Cour se préparait à un retentissant repentir.

La vérité était tout autre comme nous le verrons.

Ayant eu l'occasion de rendre service à cet abbé, je ne fus pas peu surpris de l'entendre me convier à déjeuner de la part de l'ancien président du Conseil.

Sur le moment je réservai ma réponse. Entre une rencontre à l'hôtel et un repas accepté, il y a un monde. M'asseoir à la table de Caillaux, c'était déjà créer un lien.

J'étais cependant résolu à accepter, mais je voulus d'abord consulter une ou deux personnes peu suspectes d'indulgence envers Caillaux.

Chiché m'engagea à y aller voyant tout de suite « le bel article ».

Je rencontrai le plus correct des commerçants bordelais, que je n'aurai pas la méchanceté de désigner. Nous fûmes tous deux élevés ensemble chez les bons Pères.

J'amenai la conversation sur le condamné de la Haute-Cour.

— A propos, me dit-il, il paraît que tu as causé avec Caillaux.

— C'est exact, lui répondis-je, et je suis même invité à déjeuner chez lui Dimanche.

— J'espère que tu refuseras ?

— J'hésite.

— Il n'y a pas d'hésitation possible. Tu dois refuser.

— Oui... mais...

— Il n'y a pas de mais...

— Il voudrait remonter sa cave. C'est un homme qui aime le bon vin, il reçoit beaucoup, et puis un jour on ne sait pas ce qui peut arriver. On pourrait devenir fournisseur de l'Elysée ! ! !

— Tu vends du vin ?

— Non, mais il veut me consulter en qualité de bordelais, pour que je lui recommande une bonne maison.

— Il ne pourra pas en trouver de meilleure que la nôtre. Je vais te faire expédier pour dimanche des échantillons et des prix courants.

— Alors, il faut que j'y aille ?

— Du moment qu'il s'agit d'affaires.

— Les tiennes ?

— Tu auras ta commission. Si on était obligé de demander un brevet d'honnêteté à tous les clients, on ferait faillite. Les affaires sont les affaires.

Toujours la même histoire ! Je me rappelai l'ami que j'avais consulté autrefois, pour savoir si je devais rendre visite à Caillaux. Très catégoriquement, il m'avait d'abord répondu : Non ! — cela n'est pas possible — c'est un traître. Mais cet excellent ami avait entrepris une œuvre coûteuse à laquelle j'étais indirectement associé. Il fallait trouver un éditeur qui, pour mener l'affaire à bon port, risquerait plus de cent mille francs. J'avais répondu, très décidé : « Oui, vous avez raison je resterai chez moi, mais c'est regrettable pour nous deux ».

— Pourquoi ?

— Eh bien, parce que j'ai appris que l'ancien ministre des finances venait de mettre de gros capitaux dans une maison d'édition parisienne qui va lancer des œuvres comme celle dont nous cherchons le placement. Alors j'avais pensé que...

— Vous avez eu une excellente idée, me répondit X., retourné subitement comme une crêpe de la chandeleur. Ne vous occupez pas de ce que pense un monde qui ne pense pas. Allez voir Mr Caillaux et rappelez-lui qu'il fut un ami de mon père, qu'il a eu sous ses ordres au Ministère des Finances, un de mes oncles qui le comparait à Colbert, et qu'un de mes meilleurs amis, avec lequel il n'a jamais cessé de correspondre, lui doit un évêché.

Et pendant huit jours, il vint me demander chaque matin : « Avez-vous vu Caillaux ? »

Inutile d'ajouter que Mr Caillaux n'avait jamais eu l'intention de mettre un centime dans la maison d'édition en question.

— Ah ! tant pis, me dis-je, je serais bien bon de me gêner pour ces girouettes qui tournent à tous les vents pourvu qu'ils favorisent la marche de leurs intérêts. Et j'acceptais l'invitation de Mʳ Caillaux.

*
* *

Le dimanche suivant, à midi, au sortir de la messe, je me dirigeai vers la villa des « Orchidées ».

Dès le seuil du salon, le brave abbé Manoir vint à moi la main tendue, tandis que Madame Caillaux dans un ravissant tailleur gris dirigeait vers moi la menotte de sa petite fille.

Du cabinet de travail, Mʳ Caillaux de sa voix sonore me cria : « Excusez-moi, dans un instant je suis à vous. Au reste, vous êtes aujourd'hui l'invité de l'abbé, qu'il vous fasse les honneurs des « Orchidées ».

Cette façon délicate de me faire inviter par un prêtre et non par lui, me fut agréable. Il avait deviné ma position dans le milieu que j'occupais et cherchait à me mettre à l'aise.

Je ne glougloutais pas ses louanges en faisant la roue, je ne cocoricais pas des insultes en me dressant sur mes ergots. J'étais encore un neutre indécis.

Pour marquer d'ailleurs que j'étais bien l'hôte de l'abbé Manoir, il lui fit présider le déjeuner.

Le président arriva bientôt, chargé de son volumineux courrier et recommanda que deux de ses let-

tres fussent portées à Lamothe : « Je sais ce que c'est
que le cabinet noir, me dit-il en riant, j'ai été président du Conseil ! » Puis me montrant deux manuscrits : « Il y a des gens qui exagèrent ! des « amis »
pourtant, mais dangereux pour moi ! Dans un de ces
manuscrits, je suis comparé à Jésus-Christ : « Les
deux victimes des éternels pharisiens ! » L'autre s'or-
ne d'un dessin que j'offrirai certainement à mon propriétaire. Il représente Bonaparte me tenant par la
main et me montrant l'Arc de Triomphe. Titre :
« l'Autre Sauveur ! » Ces gens-là me perdraient
plus facilement que des ennemis. Tenez, je viens de
relire un livre dont toutes les trompettes de la presse
nationaliste ont fait la renommée ! « Les Défaitistes »
de Louis Dumur. Eh bien, il y a là un essai de polé-
mique honnête qui m'a plu et me change des
insultes superficielles et grossières de mes ennemis.
Dumur a essayé de me comprendre. Il m'a prodigué
ce faisant, des éloges et des blâmes. Parmi les uns et
les autres, il en est d'exagérés. Ainsi, lorsqu'il m'accuse d'avoir des idées napoléoniennes sur l'Angleterre, il se trompe et me prête des pensées que je n'ai
jamais eues. J'ai rêvé, je-rêve encore, l'interpénétration
par tous les moyens, de tous les peuples, une sorte
d'Etats-Unis d'Europe, comprenez-vous ?

« De même M. Dumur me dit, sans en donner de
raison, animé d'une haine terrible contre Clemenceau.
Je voudrais faire un jour le portrait en pied de cet
homme politique à qui la guerre permit les plus beaux

triomphes parce qu'elle s'accordait avec son caractère ; mais il y aura des ombres à ce tableau.

« Là où Dumur a raison, c'est lorsqu'il dit que je ne suis pas l'homme des réalisations immédiates. Mon tempérament, mon éducation, mes anciennes fonctions, m'empêchent d'accueillir de prime abord les solutions qui se présentent brillantes et comme indiscutables. L'expérience m'a montré qu'elles sont souvent trompeuses comme des mirages, et mon esprit cherche toujours à voir plus loin dans l'avenir. Quand je résiste au mouvement impulsif et irraisonné des foules, je songe au lendemain. D'avoir vu que le « jusqu'au bout » des surpatriotes était en réalité le bout des forces du pays, m'a valu une condamnation.

« Voyez-vous dit-il en riant, les prophètes n'étaient pas les hommes du présent, mais les annonciateurs de l'avenir. Voilà pourquoi on les a tant persécutés ! C'étaient les trouble-fête de ceux qui se tressaient des lauriers avec les apparents triomphes du présent ».

On peut en silence déguster les mets et les vins que vous sert l'ancien président du Conseil, car Mr Caillaux parle pour tout le monde ! Quand on élève la voix, il vous interrompt d'un « permettez... » qui signifie : « Attendez, vous parlerez quand j'aurai fini ! » Et l'on attend, au demeurant, sans déplaisir.

Nous en vînmes à parler des malheureux desservants de campagne dont j'ai défendu la cause dans plus de cinq ouvrages (1).

« Oui, dit-il, ce sont pour la majorité d'excellentes et d'honnêtes gens. Il est dommage qu'on n'ait pas suivi à leur égard la politique de Gambetta qui aurait voulu que dans toutes les communes de France, le curé soit un défenseur et non un ennemi de la République.

« A mon avis, pour cela, il fallait non pas les priver de leurs 900 fr. de traitement, mais doubler cette somme. La République doit sa protection aux petits, qu'ils portent un bourgeron ou une soutane. C'eut été de la pitié et de la bonne politique, car vous donniez ainsi au desservant de campagne une modeste indépendance qui lui aurait permis d'échapper à l'influence du château, et de résister aux directions politiques de l'Evêché.

« Aujourd'hui, vous avez des campagnes où de malheureux curés sont forcés de vivre avec 400 francs par an ! On peut dire que c'est la misère noire. Qu'est-ce qui arrive ? Le curé pour ne pas mourir de faim devient forcément le tributaire du château et de l'Evêché qui lui aident à vivre. Ce n'est plus un apôtre indépendant, ou du moins il lui est beaucoup plus difficile de le rester ».

____

(1) L'Épiscopat sous le joug; Les Martyrs de l'Épiscopat; Le Clergé fin de siècle ; Dans le couloirs du Vatican, etc.
Librairie Flammarion, Paris.

L'abbé qui jusque-là n'avait ouvert la bouche que pour manger approuva les paroles de son ami, d'un signe de tête.

*
**

C'est sur la terrasse ensoleillée qu'on servit le café, à l'heure où le public commençait à envahir la place des Palmiers pour entendre le concert de la musique municipale. Malgré moi, un peu gêné encore, je m'étais mis derrière un paravent qui me dérobait à la curiosité du dehors.

« Si nous allions voir le lancé du renard, dit Caillaux. Un piqueur m'a dit ce matin qu'on devait ouvrir la boîte à deux pas d'ici ».

Madame Caillaux applaudit à l'idée, l'abbé Manoir s'excuse, car les cloches de Notre-Dame l'appellent aux vêpres, Caillaux met en bataille un petit chapeau mou et nous voilà prêts à partir.

Au bas de la terrasse passent des chiens impatients qui hurlent, tenus avec peine par un piqueur galonné. Les redingotes rouges ou vertes, les jupes noires ou grises, toques et tricornes, suivis d'une foule élégante et nombreuse défilent à nos pieds. Beaucoup jettent un coup d'œil en l'air, et je devine le mépris sur leurs visages.

On dirait que jamais il n'y eut tant de monde au lancé du renard.

Et j'avoue aussi, à ma honte, que jamais plus que ce jour, je n'eus à prendre autant sur moi pour braver le qu'en dira-t-on. Je me reprochais à moi-même sévèrement ma pusillanimité. La force des jugements du monde est terrible et je sentais bien au fond, et non sans humiliation, que je n'étais pas encore aussi indépendant que je voulais bien me le faire croire !

Combien j'eusse préféré ce jour-là rester tranquillement à l'abri de mon paravent.

Mais je n'ai pas regretté cette promenade intempestive ! La belle chose en vérité que de se rendre en cachette chez un homme qui est mis à l'index ! A vaincre sans péril, on triomphe sans gloire. C'était pour moi une bonne leçon d'indépendance.

En attendant, j'eus beau ce jour-là me glisser derrière les gros pins, et me faire le plus menu possible, je ne fus pas long à être « repéré ». Comment voulez-vous passer inaperçu avec un homme qui a dû naître dans un porte-voix ! Quand il n'appelle pas son chien, il claironne le nom de sa femme, quand il n'a ni l'un ni l'autre à interpeller, il s'appelle lui-même.

J'aperçois mon commerçant des Chartrons, celui qui n'approuvait ma visite chez Caillaux que depuis ma promesse de lui placer son vin. Il passe non loin de moi et son clignement d'œil semble demander : « Combien de barriques ? » Oh ! douce revanche ! je m'approchai de lui et le plus sérieusement du monde je lui murmurai : « Je crois que ça marchera ! Veux-tu que je te présente ! Il est justement là ! »

Il recula comme si un pin tombait à ses pieds et répondit plein d'angoisse : « Pas ici ! Tu es fou ! J'irai le voir à Mamers. »

Nous rentrâmes aux « Orchidées » après le départ de la chasse. Madame Caillaux me dit en riant : « On vous a vu avec nous. Vous voilà brûlé, cher monsieur, quel incendie ».

« On tâchera de le combattre ! » répondis-je, déjà plus fier de mon audace.

Durant le séjour de Mme Caillaux à Lisbonne auprès d'une vieille amie, Mr Caillaux était resté à Arcachon.

Un matin, je reçus un mot de lui. Il m'invitait à venir partager son déjeuner, car il avait, m'écrivait-il, quelque chose de *très*, très urgent à me dire.

Cette fois-ci je n'hésitais pas, d'autant plus que j'étais impatient de savoir ce qu'il avait à me communiquer de si urgent.

J'arrivais aux Orchidées longtemps avant l'heure du repas. On m'avait fait entrer dans le cabinet où M. Caillaux travaillait :

Je relis, me dit-il en me désignant un siège, un papier à la main, une lettre rectificative que j'écris à Maurras. Je m'étais juré de ne jamais plus répondre aux articles de l'*Action Française* ; mes journées n'y suffiraient pas. Mais aujourd'hui, ce n'est pas moi qu'on attaque, c'est ma femme, à propos de son voyage au Portugal. Je suis délié de mon serment. Un instant, et je vous raconterai un incident de son voyage, que vous pourrez mettre en vaudeville, si le cœur vous en dit.

La lecture terminée, le président plia lentement sa lettre à Maurras, en me disant l'admiration qu'il avait pour le talent de cet homme qu'il regrettait parfois d'avoir comme adversaire politique.

Il sonna et donna l'ordre que sa lettre fut immédiatement portée à la poste et recommandée. Puis, se tournant vers moi, enjoué : « Madame Caillaux, me dit-il, comme dans les contes de fée, a une marraine très riche. Cette marraine, veuve d'un marquis, portugais l'a élevée, lui a servi de mère. Depuis huit ans, elle suppliait Madame Caillaux d'aller la voir avant qu'elle ne meure, son grand âge ne lui permettant plus de quitter les bords du Tage. Ma femme s'étant décidée à entreprendre ce voyage, fit les démarches nécessaires pour obtenir un passeport.

« Un passeport pour le Portugal ! est-ce plus extraordinaire que d'en demander un pour l'Italie où ma femme s'était rendue souvent. Cependant, on pensa que cette fois-ci la demande avait quelque chose de louche.

« En même temps que le passeport, on envoya à Arcachon deux des plus fins limiers de la Préfecture de Police parisienne chargés d'escorter ma femme dans son voyage. Nous ne fûmes pas longs à les repérer — car soit dit en passant — j'ai moi aussi ma police privée. On n'a pas été président du Conseil sans savoir ce qu'est le contre-espionnage.

«Le jour du départ arrive. Le hasard—le bon abbé Manoir dirait la Providence, — fait que ma femme voyage depuis Madrid avec un des hommes politiques les plus connus du Portugal. Ils firent connaissance à propos d'une fenêtre à fermer ou à ouvrir. Mon homme avait déjà remarqué les allées et venues des deux policiers et il dit à ma femme : « Faites attention, Madame, à ces deux hommes qui cherchent à écouter notre conversation, ils ne me disent rien qui vaille et m'ont tout l'air de faire les grands express internationaux pour inspecter les valises des voyageurs et les délester de leurs valeurs. »

— Vous avez raison, monsieur, répondit-elle, ils inspectent ; mais ce sont deux inspecteurs de la Sûreté parisienne, chargés de me suivre.

L'homme politique eut un sursaut de recul.

« Madame Caillaux sachant qu'à l'étranger la mentalité des hommes politiques à mon égard, diffère souvent de celle de mes compatriotes, trahit son incognito.

« Elle n'eut pas à s'en repentir, car elle avait en face d'elle, un ancien ministre avec lequel j'avais échangé, sans le connaître, une correspondance qui prouvait la communauté de nos pensées, sur bien des points de la politique européenne.

« En arrivant à Lisbonne, il dit à Mme Caillaux :
« Vous allez vous offrir une petite revanche et il murmura deux mots à l'oreille des agents de la secrète portugaise postés sur le quai de débarquement. Ceux-

ci en dirent deux autres à des collègues en uniforme, qui prestement se dirigèrent vers les mouchards de ma femme, et les arrêtèrent comme de vulgaires « rats d'express ».

« Ils eurent beau protester, montrer leur carte et expliquer leur mission, il fallut, pour qu'ils soient immédiatement relâchés que Madame Caillaux vienne affirmer que ces braves gens qui auraient volontiers pris des documents étaient incapables de voler le moindre bijou.

« Vous pourrez dire à votre curé d'Arcachon, que le patriarche de Lisbonne, tint à faire visiter lui-même sa cathédrale à ma femme accompagnée de sa marraine, généreuse bienfaitrice de toutes les œuvres pies de la capitale portugaise.

« Les reporters assiégèrent en vain la maison pour obtenir un interview de Madame Caillaux dont on avait appris l'arrivée. Ainsi que nous l'avions décidé le jour de son départ d'Arcachon, elle refusa d'en recevoir aucun, même celui qu'elle trouva dans sa chambre, déguisé en charbonnier et qu'elle fit mettre à la porte.

« Pour se venger, cet homme raconta dans son journal que Madame Caillaux intriguait avec les hommes politiques gallophobes, y compris le patriarche de Lisbonne.

« *L'Action Française*, sous la signature de Maurras, s'est fait l'écho de ces racontars. Voilà pourquoi je viens de remettre les choses au point, en expliquant

avec qui ma femme est là-bas. Si Maurras
a besoin de références, il n'a qu'à en faire demander
par le Duc d'Orléans à son neveu l'ex-roi de Portugal, ami intime de la marraine de ma femme qui,
malgré son mariage avec un portugais est toujours
restée française et royaliste. »

Nous passâmes dans la salle à manger, je m'as-
sieds en face de lui. C'est un déjeuner intime, et j'ai
l'intuition que c'est une chose qui ne m'arrivera pas
deux fois dans mon exsitence. Tout de suite, Caillaux
me demanda :

— Pourquoi ne vous présenteriez-vous pas en
Gironde sur la liste de gauche ? » Nous y sommes,
pensai-je, et je répondis :

— C'est que je ne suis pas gaucher.

— Ce n'est pas une question de mains, mais simplement de doigté ! Vous savez ce que c'est qu'une
campagne électorale...

« Vous avez été candidat à la députation à Avi-
gnon, au Conseil Municipal à Paris. Vous avez été
conseiller arcachonnais. Vous voyez que je suis bien
renseigné. Qu'est-ce qui vous empêche de marcher
avec nous ? »

— J'ai bien peur que vous ne marchiez pas,
mais que vous reculiez, en ressuscitant dans ce pays
les vieilles querelles religieuses du passé.

— Ce serait une lourde faute. Si l'on veut donner
la paix au monde, il faut commencer à la faire régner
en France, en accordant à toutes les croyances et à

toutes les opinions la liberté de s'exprimer. Ce sont les sectaires de droite et de gauche qui sont les vrais ennemis de la paix.

— C'est très vrai.

— Avez-vous des opinions politiques très arrêtées ?

— Vous avez dit le mot exact : elles sont arrêtées. Je ne marche plus. Tous les hommes politiques me déçoivent. Quand ils arrivent au pouvoir, ils s'empressent d'abandonner les principes qui les y ont portés. Ils sont comme les vieilles grues enrichies qui deviennent dames de charité de leur paroisse.

« Mes opinions? J'ai été boulangiste quand le général était à Jersey, j'aurais été bonapartiste avec l'Empereur à Sainte-Hélène, républicain sous l'Empire. J'aimerais à défendre les rois... en exil. Je suis votre hôte sous ce toit parce qu'il porte des reflets d'exil et que vous êtes momentanément honni.

« Je doute — si vous revenez au pouvoir — que vous me trouviez dans la tourbe de vos courtisans ».

— Enfin, c'est dommage que vous ne vouliez pas tenter l'aventure politique en mai 1924. Vous auriez chance d'être élu. Mes renseignements me permettent de vous affirmer que le bloc national s'effrite... et surtout en Gironde, Mandel est dans le lac.

« Si j'ai bonne mémoire, vous constatez vous-même dans un manuscrit que vous aviez confié à l'abbé Manoir et que je me suis amusé à feuilleter

que le vent tournait en ma faveur, même dans votre
bonne ville d'Arcachon (1).

— Oh ! c'est certain. La première année, on vous
regardait ici comme un traître, la seconde comme un
agité néfaste qui s'était occupé pendant la guerre de
choses qui ne le regardaient pas, la troisième, on ne
vous reproche plus que le meurtre de Calmette par
Madame Caillaux. Votre bonne étoile se lève à mesure que celle de Clemenceau pâlit. Si vos amis triom-
phent en 1924, on vous regardera, dans l'affolement
du désarroi financier, comme le Sauveur. Les conservateurs même se tourneront vers vous et vous deman-
deront de chasser le spectre de la faillite.

« Ceux qui me battaient froid dans les premiers
temps que je vous rencontrais, me sollicitent maintenant, d'un ton qu'ils cherchent à rendre moqueur,
mais qui cache mal leurs secrètes pensées ; ils dési-
rent ne pas être oubliés, quand vous reviendrez au
pouvoir. J'aurai ce jour-là quelques centimètres de
ruban à vous demander ! terminai-je en riant.

— Et maintenant, me dit M\ Caillaux, tandis que
nous nous levions de table pour aller prendre le café,
si nous abordions le sujet qui m'a valu le plaisir
de vous avoir à déjeuner.

— Comment ce n'est pas à cause des élections ?

-----

(1) M. Caillaux m'écrivait de Royat le 14 Mai 1924 :
« Comme vous l'aviez prévu dans votre roman (qu'en
advient-il ?) la roue a tourné ».

— Nullement. Je ne m'occupe pas de la confection des listes. Ce n'est pas mon affaire. Je vous parlais de votre candidature, par intérêt pour vous.

« Ce que j'ai à vous dire touche bien à la politique, mais sans que vous y soyiez mêlé autrement qu'à titre consultatif. Voici de quoi il s'agit :

« Le Bordelais qui est venu me voir à Arcachon et à Mamers, après m'avoir été présenté par Moro-Giafferi, et qui a eu le courage de parler de moi en réunion publique, à Arcachon, a de gros ennuis. Son frère a monté une affaire qui est en pleine déconfiture. Il m'écrit aujourd'hui une lettre désespérée dont je ne peux vous lire que certains passages. Ecoutez :

Monsieur le Président,

J'ai passé trois mois horribles depuis le moment où je suis allé chercher auprès de vous des conseils et un réconfort.

. . . .

. . . .

Bien que parfaitement garantie, cette opération n'est pas de celles courantes, à qui je puisse intéresser des indifférents, ne serait-ce qu'à cause de la nécessité du secret, pour ne pas augmenter les exigences des créanciers, d'ailleurs presque tous étrangers.

Aussi ne me suis-je adressé qu'aux personnalités républicaines. J'ai déjà 200.000 francs et je serais heureux si je pouvais ajouter votre nom à celui de ceux que j'appelle mes sauveurs.

Je ne me permettrais jamais de solliciter un appui si je ne pouvais parler de garanties et d'un remboursement prompt. Mais en l'occurence, dans une circonstance absolument décisive pour mon avenir, je serais heureux si vous pouviez m'aider.

La somme importe peu, ou du moins elle m'importe moins que votre adhésion qui réconforterait les amis qui se sont si spontanément groupés autour de moi pour me permettre de garder la tête du mouvement républicain, l'an prochain.

Veuillez croire, Monsieur le Président, à l'expression de mes sentiments les plus dévoués. »

En lisant entre les lignes, poursuivit Mr Caillaux, je crois pouvoir deviner que la débâcle du frère pourrait entraîner celle du politicien. Mon correspondant me fait comprendre que si j'éteins les dettes de son frère, il allumera aux prochaines élections des feux de joie en mon honneur. Vous connaissez beaucoup de monde à Bordeaux, je le sais. Pouvez-vous m'avoir quelques renseignements sur le frère de mon partisan ?

La personne qui aurait pu me fournir les renseignements demandés sur celui que nous avons baptisé: *Manque le Coche* n'ayant pas voulu être mêlée à une affaire qui de près ou de loin pouvait intéresser l'ancien président du Conseil, dont il avait la phobie, je ne pus donner satisfaction à Mr Caillaux, qui d'ailleurs, ne recevant rien de moi dût craindre de m'avoir importuné, car il ne s'enquit jamais du résultat de mes démarches. Il est permis de croire que la minutieuse lecture du dossier qu'il avait déjà, l'éclaira suf-

fisamment. Il ne put accorder le secours financier demandé. On verra bientôt les suites politiques de
ce refus.

*
**

Mr Caillaux avait quitté les « Orchidées », dont
la location était terminée.

Avant d'aller se faire assommer quelques jours
après par les Camelots du roi, à Toulouse, il passa
une semaine encore à l'hôtel Régina et voulut suivre
la cavalcade de la mi-carême dans une voiture décou-
verte. Le commissaire de police qui craignait un incident, ne le quittait pas des yeux, prêt à intervenir.
Mais il n'y fut pas obligé. En cours de route, m'apercevant, Caillaux descendit de voiture et vint avec moi
bavarder un instant.

Il me tendit pour me faire ses adieux, ses deux
mains où s'enroulaient des serpentins. Il était gai,
plein de jeunesse et de santé.

Je lui fis d'amicaux reproches sur son impruden-
ce. Mais lui, haussant les épaules me dit : « A la veille
de mon départ et après m'avoir somme toute accueilli
sans trop de mauvaise humeur, Arcachon ne voudra
pas qu'en recevant un mauvais coup, je risque de
l'importuner davantage en prolongeant mon séjour !
Adieu, cher monsieur... Puis me regardant droit dans
les yeux, l'ancien président du Conseil ajouta : « Et
n'oubliez pas, selon votre expression, que la roue
tourne ! »

6

DEUXIÈME PARTIE

LE CHAPELAIN

DE MONSIEUR CAILLAUX

« Un prêtre chez Caillaux ? » diront certains avec un sourire sceptique. Quel genre de prêtre chez un homme comme l'ancien Président du Conseil.

« Un prêtre chez Caillaux ? » s'indigneront peut-être d'autres, comme s'indignaient autrefois les pharisiens, voyant Jésus manger avec des pêcheurs ou des courtisanes. « Un prêtre chez Caillaux ! Ce ne peut être qu'un interdit par son évêque, un de ces prêtres qui aiment à témoigner leur indépendance vis-à-vis des autorités dont ils dépendent. »

Suspendez un instant votre jugement : Voici l'histoire toute simple de l'abbé Manoir.

Un dimanche à l'heure des vêpres, je rencontrai dans les labyrinthes de la ville d'hiver, un vieux prêtre qui cherchait son chemin pour aller à l'Eglise Notre-Dame. Comme beaucoup d'étrangers, il s'était perdu dans le dédale des allées qu'aucun écriteau ne nomme. Il m'aborda pour me demander sa route. Je voulus en profiter pour savoir s'il n'était pas Mᵣ Malvy, car je m'étais aperçu qu'il venait de la villa de Mᵣ Caillaux. Or, le bruit courait toujours que l'ancien président du Conseil recevait Malvy, déguisé en prêtre. « Je vais vous accompagner, monsieur l'abbé, lui dis-je, nous allons du même côté. Je vois que vous ne connaissez pas Arcachon ? »

— C'est la première fois que j'y viens. Il y a cinq jours que j'y suis arrivé et chaque matin je me perds en allant dire ma messe à Notre-Dame.

— Vous habitez peut-être un peu loin ?

— Non, j'habite la place des Palmiers.

C'était à n'en pas douter, réellement un prêtre dont on avait signalé la présence chez Mᵣ Caillaux, et non pas Malvy.

Je ne pouvais penser, en effet, que l'ancien ministre de l'Intérieur poussait la comédie jusqu'à aller dire sa messe chaque matin — et d'autre part, je n'ignorais pas qu'il aurait dû connaître le quartier, puisque l'amie qu'on lui prêtait au début de la guerre habitait une villa derrière les sacristies de l'Eglise Notre-Dame.

Tout en marchant, l'abbé m'apprit à ma demande, qu'il était en effet, l'hôte de Mᵣ Caillaux.

— Je le pensais, répliquai-je simplement. J'ai eu l'occasion de causer deux ou trois fois avec Mr et Madame Caillaux, c'est pourquoi je me suis permis cette question. Veuillez je vous prie, me rappeler à leur souvenir.

J'examinais avec plus d'attention mon compagnon de route :

Son air modeste, sa soutane d'une coupe campagnarde, son bréviaire bourré d'images pieuses qu'il portait sous le bras droit, lui donnaient un air d'abbé Constantin en villégiature. Il me fut tout de suite si sympathique qu'après avoir conversé quelques instants encore, et au moment de nous séparer, je lui proposais de se joindre à notre petit groupe de promeneurs (dénommé « Le cercle ambulant des Abatilles ») et de nous accompagner dans nos excursions forestières.

Mon invitation fut acceptée avec la meilleure grâce, par le bon abbé Manoir.

Il vint dès le lendemain et fit rapidement notre conquête par sa bonhommie sacerdotale qui n'avait rien du bon garçonnisme qu'affectent certains prêtres pour faire passer l'austérité de leur soutane. Chiché qui espérait user de cette naïveté de surface pour obtenir quelques renseignements sensationnels dût vite déchanter. « On dit à Arcachon, Monsieur l'abbé, in-

sinuait-il, qu'Herriot est en ce moment l'hôte de M^r
Caillaux ? » Et, bon Normand, le vieux prêtre répondait : « Eh ! tout est possible ».

On lui avait certainement fait la leçon.

— Mais enfin, poursuivait Chiché, il y a des invités, en ce moment chez Mr Caillaux?

— Je ne sais pas si ce sont des invités ou s'ils
se sont invités eux-mêmes, en tout cas on ne parle
jamais politique en ma présence.

— Mais enfin, comment êtes-vous l'ami de M^r
Caillaux ?

— Ça, je veux bien vous le dire, si vous
avez la patience de m'écouter ». Et tout en nous promenant entre les dunes couvertes à ce moment-là de
l'immense tapis d'or des genêts embaumés, nous apprîmes l'histoire d'une amitié reconnaissante qui da-
tait de cinquante ans. « Vous avez souvent entendu
parler du père de Mr Caillaux ? » nous dit l'abbé
Manoir. C'était le chef des conservateurs de la Sarthe,
le soutien de nos autels chrétiens. Mon père était un
de ses fournisseurs et, quand il entrait chez nous, c'é-
tait une joie pour toute la maisonnée, car il n'avait jamais les mains vides. Quand je devins jeune homme,
Mr Caillaux demanda à mon père: « Qu'est-ce que
vous allez faire de ce petit ? »

— Il n'a pas beaucoup d'entrain pour les travaux
manuels, il dit comme ça qu'il voudrait *travailler
pour être curé.*

— S'il a la vocation, mettez-le au séminaire, nous en ferons peut-être un jour un évêque !

— Au séminaire, faut d'ça Monsieur.

Et mon père faisait à Mr Caillaux le geste digital qui signifiait le manque d'argent.

— Qu'à cela ne tienne, répondit celui qui devait devenir ministre de l'ordre moral, je me charge de ses études sacerdotales.

— C'est ainsi que j'entrais au séminaire.

Je venais passer mes vacances à Mamers au moment où le fils de mon protecteur, du même âge que moi, « monsieur Joseph, » prenait les siennes. Je fus le compagnon de ses loisirs.

Les années passèrent. Je fus ordonné prêtre, il se lança dans la politique.

— Anti-cléricale, objecta Chiché.

— Pas dans la Sarthe, répondit vivement le vieux prêtre, j'en sais quelque chose.

« Mon évêque qui connaissait l'origine de mes fraternelles relations avec Joseph Caillaux, député, chef d'un parti puissant, demain ministre et un jour ou l'autre, sans doute président du Conseil, m'avait enlevé ma petite cure campagnarde pour me confier la direction d'une importante paroisse aux portes de Mamers, dans le but de me rapprocher de mon ami d'enfance, afin d'être auprès de lui un nonce diocésain

« Je vous dirai un jour tout ce que j'ai obtenu de lui ».

*
* *

C'est ainsi que, petit à petit, au cours de nos promenades, nous le mîmes sur la voie des confidences.

« Comment se fait-il, qu'ami de Caillaux, vous soyez resté simple curé ? » lui demandâmes-nous un jour. A quoi l'abbé répondit : « Bien souvent, il a voulu me pousser dans la carrière écclesiastique. Je veux que tu aies une mitre, me disait-il. Et il ajoutait avec malice : Profites-en... tant que nous sommes les collaborateurs du Saint-Esprit, car nous marchons à grands pas vers la séparation des Eglises et de l'Etat, et c'est le Vatican qui nommera seul ses évêques».

« Et pourquoi n'avez-vous pas accepté *l'Episcopat,* demanda Chiché qui croyait qu'un évêque n'était en somme qu'un préfet violet?».

—« Mais tout simplement parce que je ne me sentais pas à la hauteur de cette charge. Je sais bien que pour calmer mes scrupules, mon ami Joseph, me citait les noms des prélats qui ne devaient leur élévation épiscopale qu'au favoritisme.

« Je persistait néanmoins dans mon refus, conscient de mieux remplir mon humble tâche qu'un rôle d'évêque : « Non, non, Monsieur le Président, lui disais-je, laissez-moi dans ma cure provinciale, où je tâche de faire un peu de bien à mes ouailles. Je ne veux rien pour moi, mais j'ai quand même beaucoup à demander !

— Eh bien parle ! » disait alors Mr Caillaux. Et j'obtenais alors de lui tout ce que je désirais. Un jour c'était la construction d'une église en ruine, d'un clo-

cher détruit par la foudre, un autre, la réhabilitation
d'un malheureux curé dénoncé par son maire ou l'ins-
tituteur, d'autre fois encore, l'avancement d'un desservant qui voulait un doyenné, la nomination d'un curé
comme chanoine rétribué par l'Etat, voire même l'é-
lévation de confrères à l'épiscopat.

« Au moment des expulsions congréganistes, j'ai
sauvé bien des couvents par mon intervention auprès
de mon ami d'enfance. Si je vous disais, qu'en reconnaissance des faveurs obtenues, il y a des monastères
où l'on a prié longtemps, sur ma demande, pour celui
que certains cléricaux voudraient assommer. J'ai gardé la lettre du Révérendissime Abbé des Trappes, me
remerciant d'avoir évité les douleurs de l'exil à ses
moines agriculteurs. Lorsque j'ai demandé à M᷎ Caillaux de les épargner, il eut ces mots : « Les trappistes
ce sont des moines qui ne parlent pas, qui travaillent
la terre. Tant qu'ils bêcheront la terre en silence, ils
ne bêcheront pas le gouvernement. Dis-leur qu'on les
laissera tranquille ».

« Qu'eussiez-vous fait à ma place ? » nous demanda l'abbé Manoir. Pouvais-je abandonner dans
le malheur, mérité ou immérité, là n'est pas la question, celui qui fût mon ami d'enfance, le fils de mon
protecteur, celui qui tout puissant m'avait accordé tant
de choses, s'était montré si favorable à toutes les re-
quêtes que je lui faisais pour l'Eglise ? »

Une protestation unanime fut notre réponse.

« Je n'avais pas de conduite à choisir, reprit-il. Les principes chrétiens eux-mêmes, en plus de la reconnaissance, me la dictait sans hésitation. C'est que, voyez-vous, si la renommée fait connaître un homme du monde entier, la jalousie grandit en proportion. Les moindres fautes sont exploitées, parce que la légende s'en empare et les grossit démesurément. Un homme célèbre qui sombre est piétiné sans merci par ceux-là mêmes qui l'encensaient sans le connaître, par ceux-là qui acceptent également sans les contrôler, toutes les actions généreuses, comme ensuite toutes les bassesses qu'on lui attribue. C'est le revers de la gloire ».

— Et qu'avez-vous fait, lui demandâmes-nous, pour garder après la chute de Caillaux votre liberté d'action ?

— J'ai pris ma retraite à la suite d'une bronchite. Je me retirai dans ma demeure familiale, aux portes de Mamers, aidant le curé dans l'administration de sa paroisse, entouré de l'amitié de mes confrères, excepté de quelques-uns, comme par hasard favorisés par Mr Caillaux et qui, gênés, n'approuvaient pas la persistance de mon amitié.

« Au commencement de l'hiver, j'eus une violente rechute de ma bronchite. Mon médecin me conseilla d'aller passer l'hiver dans le midi. C'est plus facile à conseiller qu'à exécuter, surtout quand il s'agit d'un pauvre curé de campagne.

« J'étais donc comme ces indigents à qui un médecin recommande de ne manger que de la viande saignante et de ne boire que du vin vieux. Mr Caillaux l'ayant su m'écrivit : « Arrive tout de suite à Arcachon, c'est le pays rêvé pour les « bronchiteux », tu retrouveras aux « Orchidées » la jeunesse et la santé. Nous t'attendons avec impatience.

« Madame Caillaux avait ajouté un mot charmant : « Vous vous trouverez ici avec le bébé de ma fille. Nous aurons pour nous protéger un ange et un saint ! »

J'obtins de l'évêché mon célébret, c'est-à-dire l'autorisation de mon évêque à dire ma messe en dehors de mon diocèse. Je n'avais pas caché chez qui j'allais. Le vent semblait vouloir souffler dans la Sarthe, en faveur de la liste Caillautiste, aux élections qui approchaient. On ne désapprouva pas mon voyage.

L'abbé Manoir venait donc chaque jour en promenade avec nous. Il nous montrait Mme Caillaux cumulant ses fonctions de grand'mère avec celles de secrétaire de son mari, ce qui n'était pas une sinécure. Elle tapait, disait-il, à la machine les travaux du président et faisait elle-même une partie de la correspondance.

Le courrier de Mr Caillaux était prodigieux. Il recevait jusqu'à 200 lettres par jour, et un nombre inouï de journaux et de revues. Des secrétaires à Paris faisaient déjà pour lui un judicieux triage. Son activité était extraordinaire.

Mᵉ Chiché, toujours sarcastique, blaguait amicalement le brave curé que nous avions appelé le chapelain de M. Caillaux.

— Quelle chambre habitez-vous aux « Orchidées » monsieur l'Abbé ?

— La chambre Louis XV !

— Eh, eh, vous ne devez pas vous embêter ?

— Pourquoi cela !

— Je l'ai visitée et si ma mémoire est fidèle, elle n'a rien d'ecclésiastique. Son lit volupteux est digne de la Marquise de Pompadour.

— J'y dors très bien, répondit le brave curé, qui avait la naïveté d'un enfant.

— Tout y chante l'ivresse insouciante d'un monde galant qui marchait les yeux bandés à l'abîme.

— Cela ne m'empêche pas d'y réciter mon bréviaire et mon chapelet.

— J'ai remarqué sur la cheminée, un bronze doré de Philippe, prix de Rome, *Le Réveil*, qui représente une vierge aux formes graciles, et strictement nue qui s'étire et offre ses seins aux baisers de l'aurore.

— Madame Caillaux a dû la faire enlever, car elle n'y est pas. A sa place, j'ai mis une statuette de Notre-Dame de Lourde qui ne me quitte jamais.

— Et qu'a-t-on fait de cette Phryné de marbre qui séduisit ses juges en laissant tomber les voiles qui cachaient ses charmes ?

— Je crois bien qu'on l'a mise dans la chambre du Président.

Un exemple entre mille prouvera la simplicité de l'abbé Manoir. Il désirait profiter de son séjour à Arcachon pour aller visiter Bordeaux, où il ne voulait rester qu'une journée. Mais il avait peur de s'y perdre ou de se fourvoir dans des restaurants que ses moyens lui auraient interdits. Monsieur P. toujours prêt à rendre service à l'un des nôtres, s'offrit à lui tracer un itinéraire et à lui indiquer des restaurants modestes, mais excellents.

Il trouva dans ses poches une carte de réclame qu'un éleveur de volailles de la ville d'hiver répandait à profusion dans les jardins des villas.

Je lui passai mon stylo et il écrivit au verso du prospectus, les noms des églises à visiter, les trains à prendre et les restaurants où il trouverait à déjeuner très convenablement et à bon marché.

Il prit la carte, la mit dans le bréviaire qui ne le quittait jamais et partit le lendemain matin pour Bordeaux.

Ce voyage, grâce aux précieux renseignements de Mr P. fut un enchantement pour le vieux prêtre. Le déjeuner surtout dans un restaurant de la rue Saint-Rémy l'avait doublement séduit. Il avait été délicieux et il s'en était tiré avec cent sous.

Quand il raconta sa journée à Mʳ Caillaux, celui-ci n'en revenait pas. Madame Caillaux qui se plaignait non sans raison de la cherté des vivres à Arcachon, ne pouvait pas croire qu'on put manger pour si peu à Bordeaux.

— Mais enfin, demanda Caillaux, qui t'a indiqué ce restaurant et le moyen d'y arriver sans te perdre ?

— Monsieur P. ! Voici son prospectus.

Mme Caillaux séduite par le prix relativement modeste des volailles et l'assurance des œufs vraiment frais ordonna à sa cuisinière d'aller chez Mʳ P. acheter un poulet et une douzaine d'œufs du jour.

Celle-ci s'en fut naturellement à côté, chez notre ami P., dont le jardin est contigu à celui des Orchidées.

On juge de sa stupéfaction lorsque son valet de chambre lui annonça qu'on venait de chez Mʳ Caillaux pour acheter un poulet et une douzaine d'œufs.

M. P. ne pensait plus du tout au prospectus et comme ses dénégations n'arrivaient pas à vaincre l'obstination de l'entêtée cuisinière, il prit la décision d'aller demander sur le coup de temps des explications au président.

M. P., très conservateur, n'aurait pas fait la moindre avance, bien que son voisin, pour entrer en relation avec le condamné de la Haute-Cour. Mais l'occasion se donnant, il n'était pas fâché de connaître cet homme dont le caractère très autoritaire s'apparentait assez au sien ! Il fut introduit immédiatement dans la loggia où M* et Mme Caillaux prenaient leur café.

— Madame, dit-il à Mme Caillaux, après un baise main qui fit penser à la maîtresse de maison que ce marchand de poules et d'œufs ne manquait pas de chic, je suis navré, mais je n'ai pas de volailles à vous vendre. Je puis tout au plus vous céder douze œufs achetés ce matin par ma cuisinière, au marché.

— Comment, comment, dit Caillaux, en regardant l'abbé qui faisait des efforts amusants pour sortir de son moëlleux fauteuil. Vous n'élevez pas de poules, Monsieur ?

— J'ai passé l'âge, monsieur le Président, fit gaiement M* P.

— Et alors, qu'est-ce que tu nous as chanté, demanda M* Caillaux à l'abbé, qui avait enfin pu sortir de son fauteuil, grâce à l'aide souriante de Mme Caillaux.

— Eh bien, répondit le brave homme, c'est à cause de la carte.

— Quelle carte ?

— Celle sur laquelle vous avez écrit l'itinéraire de mon voyage à Bordeaux. La voici :

Tous trois comprirent alors le quiproquo et les rires fusèrent longtemps sous les lambris dorés de la loggia, à l'amusante confusion du bon prêtre.

Malgré nos promenades journalières et notre intimité croissante, nous n'avions pas encore obtenu de l'abbé Manoir de détails sur le drame qui bouleversa la vie de Mr Caillaux. Pourtant ma curiosité ne se tenait point pour battue et chaque fois que l'occasion me paraissait bonne, j'essayais de mettre la conversation sur ce sujet. Mais, discret, le prêtre éludait toujours mes questions. Il fallut l'incident ridicule dont je vais faire le récit, et qui montra une fois de plus à quels regrettables extrêmes peut entraîner la passion, pour vaincre les dernières résistances de notre compagnon.

Depuis l'assassinat de Marius Plateau par Germaine Berton, Caillaux, (qui avec tant d'autres qu'aucune sympathie ne lie à l'Action Française, déplora ce crime et s'insurgea contre la violence), recevait de nombreuses lettres le menaçant de représailles, Il avait donc acheté, pour être protégé en cas d'agression, un superbe berger allemand, chien policier, qui répondait au nom peu guerrier d'Ali.

Un après-midi que le vent courbait les grands pins, Mr Caillaux proposa à l'abbé de l'accompagner sur la plage des Abatilles où l'on s'amuserait à lancer Ali contre les vagues soulevées par la tempête.

Une des fidèles suivantes du Président devait photographier Ali, en passe de devenir après l'attentat de Toulouse, un chien historique. C'était la première fois que le prêtre se montrait en public avec Mr Caillaux. Ce jour-là, je rêvais seul sur la dune, dont les sables soulevés par la rafale piquaient ma figure comme d'invisibles épingles.

Depuis longtemps, j'avais été prévenu de l'arrivée Mr Caillaux. Sa voix autoritaire dominant le bruit des vagues, appelait Ali.

Je les vis descendre vers la plage.

Les cheveux de la blonde amie, la soutane du curé, les poils du chien et le manteau du président étaient soulevés par le vent.

Ils avaient l'air tous trois, dans ce décor désert, de naufragés échoués sur un banc de sable et qui font des gestes désespérés à un navire passant au large.

Je croyais être seul sur ma dune, lorsque je vis sortir des genêts, un grand prêtre, encore jeune, au masque brutal d'inquisiteur espagnol. J'ai su depuis que c'était un dominicain sécularisé, en traitement dans une pension de la ville d'hiver tenue par les sœurs de la Sainte-Agonie.

Le prêtre désignant de son bréviaire le trio qui riait des acrobaties d'Ali dans l'écume des vagues s'écria sans m'apercevoir, et pour lui-même : « Il faut que cela finisse. C'est un scandale qui a trop duré. Je le signalerai à *l'Action française*. Nous ne tolérerons plus la présence d'un prêtre chez Mᵣ Caillaux ».

Il partit furieux, le nez dans son bréviaire... peut-être au psaume : De profundis clamavi...

J'eus garde de lui signaler ma présence.

Le lendemain quand le bon abbé Manoir vint reprendre sa place au cercle ambulant des Abatilles, je crus devoir le mettre en garde en lui répétant les paroles du dominicain. Avec le calme d'une conscience en paix, il me répondit : « Que voulez-vous qu'il me fasse ! »

— Il peut monter contre vous le curé de Notre-Dame, qui vous empêchera de dire la messe dans son église.

— J'ai le célébret de mon évêque. Je suis en règle. On n'interdit la messe à un prêtre que dans des circonstances extrêmement graves et après des enquêtes et des procès qui peuvent aller jusqu'à Rome.

— Quand on veut tuer son chien, on dit qu'il est enragé ; quand on veut se débarrasser d'un prêtre, on raconte qu'il cause du scandale.

— Du scandale ! On ferait bien rire mes confrères de la Sarthe, si on m'accusait de ce crime, le plus grand qui puisse souiller une âme sacerdotale.

Comment pourrais-je causer du scandale à Arcachon ?

— Les scribes étaient scandalisés de voir Jésus
préférer le toit du publicain Zachée à celui des pharisiens. On ne vous pardonne pas d'habiter chez Caillaux.

— Je vous répéterai à ce propos un mot du
président. Je lui avais raconté qu'un prêtre — qui lui
doit entre parenthèses un des plus beaux doyennés de
la Sarthe — me reprochait de continuer à le voir,
après le procès de la Haute-Cour. « Tu lui diras,
me répondit Mr Caillaux, que depuis l'impôt sur le
revenu, c'est un péché capitaliste de me fréquenter,
mais ce n'est pas encore un péché capital ».

J'avais raison de me méfier pour le trop confiant
abbé.

C'était un dimanche. On lui avait demandé de
dire la messe de neuf heures.

Il enlevait ses ornements dans la belle sacristie
décorée de tableaux offerts par l'Israélite Pereire, fon-
dateur d'Arcachon, et se disposait à aller dire son action de grâce, quand il vit devant lui la face sévère et
bilieuse du curé, ex-avocat bordelais et ancien dominicain. « Mon cher confrère, dit-il à l'Abbé en tournant
et retournant sa barrette dans ses mains, j'ai une triste
communication à vous faire. Son Emminence le Cardinal Andrieu, Archevêque de Bordeaux, s'est ému de

votre présence chez Mr Caillaux et du scandale qu'elle y causait en ville. Le Cardinal m'a confié la douloureuse mission de vous interdire de célébrer la messe dans mon église ».

Un autre prêtre aurait protesté, mais celui-ci, qui était la douceur même, se tût. Du reste, continua l'abbé Bonnet, vous avez vous-même compris tout ce que votre présence chez Mr Caillaux a d'anormale pour un prêtre, car vous vous êtes inscrit sur le registre paroissial comme prêtre du diocèse de Paris et non pas du Mans, ce qui aurait certainement attiré mon attention.

Cette fois-ci, l'abbé parla, mais sans colère.

« Montrez-moi, Monsieur le curé, la lettre du Cardinal m'interdisant de dire la messe dans votre église, et le registre sur lequel j'aurais fait ma fausse déclaration d'origine diocésaine. »

Le curé ne montra pas la lettre et pour cause, mais prit sur une petite table où l'on écrivait l'inscription des messes, un grand registre qu'il feuilleta nerveusement.

— Ah ! j'y suis : Abbé Manoir, prêtre du diocèse... du Mans. Vous avez raison, Monsieur l'Abbé, on m'a trompé.

— Et la défense du Cardinal ?

— Je ne l'ai pas... Je ne l'ai plus...

L'abbé Manoir n'insista pas et sortit douloureusement affecté par les paroles de l'abbé Bonnet.

*
**

Par un hasard providentiel, le grand sculpteur Cogné était depuis huit jours l'hôte de Mr Caillaux.

Le maître arrivait de Rome où il avait fait le buste de Pie XI. Le Saint-Père dans ses séances de pose aimait à parler avec Cogné de la politique française. Le Vatican est un observatoire d'où l'on voit venir les événements mieux que du haut du clocher du Notre-Dame d'Arcachon. Le pape, avec une sûreté de vue, qui fit souvent l'admiration de son sculpteur avait non seulement prévu le triomphe des gauches aux élections de 1924, mais la possibilité du retour au pouvoir de Mr Caillaux. Aussi le Saint-Père mettait-il souvent la conversation sur l'ancien président du Conseil.

Des conversations pontificales, Cogné avait gardé l'impression très nette que ce n'était pas au Vatican, qu'on aurait interdit à un prêtre de dire la messe à Saint-Pierre parce qu'il aurait vécu, en passant, sous le toit de Mr Caillaux.

En arrivant aux « Orchidées » après que le curé d'Arcachon lui eut notifié la soi-disante interdiction cardinalice, l'abbé s'enferma dans sa chambre, et se demandait perplexe, s'il devait en informer son ami.

Son hésitation fut de courte durée, il ne parlerait pas, car il connaissait la sensibilité de son protecteur à l'égard de certaines attaques injustes. Autant il était indifférent aux insultes des Dindons de la politique, autant il ressentait celles des élites. Il décida également de quitter le lendemain une ville où il ne pouvait pas dire sa messe quotidienne aussi nécessaire à son âme que le souffle à sa poitrine, et surtout de ne pas prolonger ce scandale auquel il pensait à travers la terrible parole évangélique : « Malheur à celui par qui arrive le scandale, il vaudrait mieux pour lui qu'on attachât à son cou une meule de moulin et qu'on le précipita au fond de la mer ».

A midi, il descendit dans la salle à manger où l'attendait déjà Monsieur et Madame Caillaux et le sculpteur Cogné.

Caillaux qui parlait avec ses hôtes, ne prit pas garde à l'abbé, et ne remarqua pas tout de suite l'air triste qui enveloppait cette physionomie d'ordinaire souriante.

— Eh bien, l'abbé vous ne mangez pas, murmura Madame Caillaux, en le voyant refuser d'un plat ?

— Non, madame, je n'ai pas faim ce matin.

L'attention du président fut alors attirée, et ajustant son monocle, il lui dit : « Oh ! Oh ! je te connais, tu as la mine que tu prenais quand ton père t'avait donné un coup de galoche où je veux dire. Voyons, voyons, qu'est-ce qui se passe ?

Et comme Mr Caillaux toujours vif s'impatientait d'une réponse lente à venir, l'abbé Manoir la voix tremblante répondit : « On m'interdit de dire la messe à Notre-Dame parce que je suis chez vous ».

— Interdit ! s'écria le Président avec violence, qui s'est permis ?

— Le curé... il paraît que c'est le cardinal archevêque de Bordeaux qui a pris cette décision.

— Un cardinal ! un cardinal, répéta Caillaux. Il faut faire une enquête.

— Oh ! laissez donc, murmurait le pacifique abbé, je repartirai demain matin pour la Sarthe et tout sera dit.

— Que tu partes ou que tu restes, l'enquête sera faite.

— Ça me sera d'autant plus facile, intervint le sculpteur, que j'ai rendez-vous demain matin à Paris, avec le nonce pour arrêter un second voyage à Rome, le Pape désirant avoir un autre buste le représentant vêtu de ses vêtements pontificaux. Je lui parlerai de cet incident ! Le nonce est un esprit large et juste. Votre ami Herriot a pour lui une profonde admiration.

A la suite de ce déjeuner, l'abbé vint nous faire ses adieux.

La tête basse, comme s'il était le coupable, il nous fit le récit que je viens de faire.

Nous n'eûmes qu'une voix pour protester contre cette mesure anti-canonique.

— Je viens faire avec vous, ma dernière promenade, nous dit l'abbé, je regrette de partir demain, mais je ne peux pas me passer de dire chaque matin ma messe.

— Qu'à cela ne tienne, mon cher abbé, lui dis-je, nous allons aller à Moulleau, où le plus aimable des curés vous ouvrira toutes grandes les portes de sa coquette chapelle.

Une lueur d'espérance brilla dans les yeux du paisible vieillard.

Nous allâmes à Moulleau à travers bois, longeant le cimetière où reposent les soldats Sénégalais morts à Arcachon pendant la guerre.

Le desservant de cet aristocratique quartier d'Arcachon demanda simplement : « Avez-vous le célébret de votre ordinaire ? »

— Le voici, Monsieur le curé.

— Vous avez vu l'interdiction du Cardinal archevêque de Bordeaux ?

— Monsieur le curé dit qu'il l'a égarée.

— Bon, dans ce cas, vous n'avez qu'à venir dire la messe chez moi, dès demain matin. Vous serez le bienvenu tant que l'archevêché ne dira rien, et j'ai beaucoup de raisons de croire qu'il gardera le silence. A demain matin, à moins que je ne découvre dans mes livres théologiques que le fait d'habiter chez Caillaux soit un péché mortel ».

Et tous les matins, l'auto conduite par le chauffeur de Mr Caillaux déposa sur la dune qui porte la chapelle comme un phare, le vieux prêtre pour qu'il puisse dire devant l'autel embaumé d'encens et de senteurs marines : « Introibo ad altare Dei qui loetificat juventutem meam ».

Joubert a dit : « Il n'y a d'heureux dans la vieillesse que les vieux prêtres et ceux qui leur ressemblent ». Il rendait ainsi témoignage à l'éternelle jeunesse du prêtre qui a conservé intacte la foi enthousiaste de ses jeunes années, la foi dont naquit sa vocation.

Cependant l'enquête suivait son cours, sur la demande du nonce apostolique. On devait apprendre que le cardinal-archevêque de Bordeaux n'avait jamais envoyé *d'ordre écrit*, invitant l'abbé Manoir à ne plus dire sa messe. Mais le religieux dont nous avons parlé, en traitement à Arcachon, et prétendant agir au nom d'un groupement politique, avait porté au vieux curé de Notre-Dame, affaibli par la maladie qui devait l'enlever quelques mois après, ses doléances et ses menaces. Le Curé avait envoyé un de ses vicaires à l'Archevêché.

Le vicaire général L. consulté, ne voulant pas assumer la responsabilité d'une décision au sujet d'une affaire aussi délicate, conseilla de s'adresser directement au Cardinal Archevêque, qui, en présence des événements grossis à dessein, se contenta de répondre de *vive voix*... que s'il y avait vraiment scandale, M. le curé, maître dans son église, le fasse cesser.

***

La responsabilité Cardinalice étant hors de cause, Mᵣ Caillaux se déclara satisfait. A quelqu'un qui voulait atténuer l'acte impulsif de l'abbé Bonnet en l'attribuant à sa constitution bilieuse, il répondit :

— Je ne lui en veux pas à ce pasteur ostréicole.

Le curé de Notre-Dame ne se doutait pas que son acte d'autoritarisme politique irait à la nonciature où il provoquerait le diplomatique sourire du nonce.

Il ne se doutait pas que le Saint-Père, lui-même, serait mis un jour au courant de ce ridicule incident.

Un homme politique au courant de l'incident d'Arcachon félicitait le Saint-Père de lui avoir prédit longtemps à l'avance le résultat des élections françaises; l'amnistie de Mᵣ Caillaux, sa rentrée possible dans l'arène politique. Il affirmait au Pape que Mᵣ Caillaux avait à plusieurs reprises insisté auprès de son ami Herriot et des dirigeants du bloc des gauches pour qu'ils ne commissent pas cette lourde faute politique de la supression d'un représentant au Vatican. Il croyait, il savait que Caillaux n'aurait pas rompu les relations diplomatiques avec le Saint-Siège.

— Croyez-moi, Saint-Père, Mr Caillaux sera celui qui empêchera la persécution religieuse et la révolution sociale. Actuellement, en France, il est beaucoup
plus craint des groupements de gauche que des groupements de droite.

— On dit qu'il est malade, demanda Pie XI ?

— Caillaux est toujours malade, quand il prépa-
re quelque chose. Les partis d'ordre n'ont pas à re-
douter sa venue. Mais il ne faudrait pas qu'on l'exas-
pérât par des mesquineries, comme celle dont je parlais hier à votre Sainteté à propos de l'incident du
curé d'Arcachon.

Et Pie XI eût un haussement d'épaules qui signifiait : « Ça ne compte pas. Dans un pays marin, on
emploie souvent la gaffe ».

A la suite de cette histoire et de mon intervention
auprès du curé de Moulleau, l'abbé Manoir devait
se montrer, comme je l'ai dit, beaucoup plus confiant.
Ainsi, je connus enfin par lui, les détails des drames
qui accablèrent son ami, à la façon de ces grands
ouragans du large dont la violence brise tout sur son
passage.

En les rapportant ici, je montrerai un Caillaux que bien peu de gens connaissent. Nous verrons,
pour employer une expression nouvelle très heureuse,
un Caillaux « au ralenti », bien différent de l'homme

agité et nerveux dont les gestes brusques et autoritaires ne sont souvent que des sanglots refoulés. En les rapportant je désire aussi que se détache la belle figure de ce digne prêtre, fidèle serviteur de Celui qui s'appelait le Médecin des âmes, venu « non pour soigner les biens portants, mais les malades. »

Voici les confidences que nous fit l'abbé au cours de nos promenades quotidiennes à travers les dunes fleuries d'ajoncs, les pins maritimes et sur les grèves du bassin.

« Le service gratuit de l'*Action française* était fait en 1916 à tous les presbytères de la Sarthe. Un matin d'août, j'appris ainsi que le président qui était à Vichy pour la santé de sa femme avait été l'objet d'une manifestation hostile, dès le surlendemain de son arrivée. Madame Caillaux et son mari se trouvaient autour des sources, dans le parc de l'établissement, lorsqu'une foule menaçante les entoura.

«Tous deux avaient dû se réfugier dans l'hôtel du commissaire du Gouvernement où ils avaient subi un siège en règle. On voulut faire sauter la grille, enfoncer les volets, les massacrer. Les pierres avaient volé, des cris de mort avaient retentis. *L'Action Française* qui attaquait chaque jour Mr Caillaux qu'elle appelait le ministre des boches, tandis qu'elle ne désignait sa femme qu'en faisant suivre son nom du mot « tueuse », excusait cette manifestation, sous prétexte

que l'établissement thermal était exploité par une Société dont le beau-père de Mr Calmette, Mr Prestat,
présidait le conseil d'administration.

«Je vis mon amis à son retour à Mamers.

«Madame Caillaux avait été tellement émue
par cette manifestation hostile qu'elle parlait de quitter pour quelques mois la France, espérant ainsi calmer la fureur des ennemis de son mari. Le président,
de tempérament combatif, voulait au contraire retourner à Vichy ou dans une ville du département de
l'Allier, pour y faire une réunion publique et contradictoire.

« J'eus toutes les peines du monde à l'en dissuader, en faisant observer que même dans la Sarthe,
l'opinion lui devenait contraire.

« Je citai des exemples: Un prêtre, qui lui devait
d'avoir pu trouver dans l'élevage une source de revenus pour suppléer à la modification de son traitement, me reprochait de poursuivre avec Caillaux des
relations compromettantes.

«Le Président haussa les épaules.

« Je parlai également d'un vicaire général dont
il avait obtenu la nomination et qui me faisait comprendre d'avoir à espacer mes visites. J'avais d'ailleurs répondu négligemment à ce prêtre : « Il faudra
pourtant que je retourne chez Mr Caillaux à Mamers.
J'y ai laissé des affaires, depuis le jour où vous m'a-

vez envoyé auprès de lui pour solliciter votre doyenné. »

«Et Joseph Caillaux sourit encore.

«Quand Mr Clémenceau arriva au pouvoir, je compris que Mr Caillaux était perdu.

«Je partageais cette idée avec ses meilleurs amis, dont quelques-uns étaient loin de partager ses opinions politiques.

«C'est ainsi que je me trouvais par hasard à Paris chez lui, le jour où un ami intime de Mr Mandel vint le mettre au courant des projets Clémencistes. Il lui dit : « Vous savez, monsieur le Président, ce qu'a dit Gambetta de Clémenceau : l'herbe ne poussera plus sur la terre où il aura passé ». Si Gambetta avait connu son lieutenant Mandel, il aurait ajouté : « Mais les orties y croîtront ».

«C'est pour lui qu'a été créée cette maxime: «La fin justifie les moyens ».

«Il n'y a guère plus de sacrifices humains dans les religions, ils subsistent en politique, surtout aux époques troublées par les guerres ou les révolutions. Nous sommes à une de ces époques. Vous êtes la victime expiatoire choisie, car vous êtes à l'heure actuelle l'homme politique le plus impopulaire de France. Vous avez contre vous les capitalistes, les cléricaux, les royalistes, les patriotards. Vous n'êtes défendu que très mollement par vos amis radicaux-socialistes, et surtout par ceux qui voudraient devenir chefs de parti et qui savent, que partout où vous êtes, on ne peut être qu'après vous.

«Le glaive du sacrifice est aiguisé chaque jour par un homme sans merci: Mandel. Il le donnera pour vous frapper, très prochainement, au grand prêtre Clémenceau, qui n'en est pas à sa première victime. Fuyez, car mes renseignements personnels me permettent de vous affirmer que très bientôt, vous serez arrêté, dépouillé de votre fortune afin qu'il vous soit impossible d'assurer votre défense, jugé, condamné, et conduit au poteau d'exécution de Vincennes qui n'est pas fait avec le bois de chêne sous lequel le bon roi Saint-Louis rendait la justice.

«Madame Caillaux assistait à l'entrevue et approuvait: « Mais oui, mais oui, disait-elle, il y a longtemps que je lui dis que la situation est beaucoup plus sérieuse qu'il ne veut le croire.»

«Le président qui n'a jamais aimé être contredit, arpentait nerveusement le salon, en enroulant autour de son doigt le cordon de son monocle. Je connaissais ce geste, annonciateur de l'orage : « Mais enfin, s'écria-t-il, soudain en croisant ses bras, comme il le faisait à la tribune, dans les grandes discussions parlementaires, la fuite est l'aveu d'une culpabilité ! De quoi suis-je coupable ? Que me reproche-t-on ?

«— Mais, monsieur le président, coupa l'ami mondain de Mr Caillaux, souvenez-vous du procès Danton. Un juré rencontre dans un couloir Topino-Lebrun, qui lui dit : Ceci n'est pas un procès, c'est une mesure... Nous ne sommes pas des jurés, nous sommes des hommes d'Etat... Deux sont impossibles. Il faut qu'un périsse... Veux-tu tuer Robespierre ? Non... Eh bien ! par cela seul, tu viens de condamner Danton ! Vous comprenez, Monsieur le Président, pourquoi si on vous envoie en prison, vous devez être forcément condamné. Votre acquittement serait non seulement la condamnation de Robespierre-Clémenceau mais celle de la politique qu'il poursuit avec l'approbation enthousiaste de la France. Pour le moment Clémenceau est au Capitole.»

— J'attendrai la roche Tarpéienne, répliqua Mr Caillaux.

— Vous aurez disparu, Monsieur le Président.

— Je ne suis pas Clément-Thomas.

— Mais dans tous les cas, mettez vos papiers, votre fortune à l'abri. Les perquisitions vous guettent. Il faut s'attendre au pire.

«Selon mon habitude, j'écoutais ce qu'on disait, sans jamais donner mon avis. Cette fois-ci, le président m'interpella directement : « Et toi que penses-tu ? que ferais-tu à ma place ?

— Eh bien, moi, j'irai faire un petit voyage...

— Ce n'est pas de cela que je veux parler...

La question du départ est réglée. Je reste ! Mais crois-tu qu'il serait prudent de mettre ma fortune à l'abri des atteintes de celui que j'appelle : le dictateur de la calomnie?

— Ecoutez, monsieur le président, nous savons par expérience dans le clergé que l'argent à l'inverse du proverbe, est le nerf de la paix. On ne tracasse jamais un prêtre qui a de l'argent, parce qu'on sait qu'il a les moyens d'aller se défendre jusqu'à Rome. Quant à vous dire si le gouvernement peut aller jusqu'à s'emparer d'un argent qui ne lui appartient pas, je vous répondrai que je n'en sais rien, bien que ce soit arrivé aux congréganistes, mais qu'à tout hasard, je prendrais mes précautions.

— Tu as raison, répondit le président. Je vais suivre vos conseils en ce qui concerne notre fortune. Si je suis obligé de me défendre, je sais ce que ça coûte. Autrefois, on aimait à avoir des biens au soleil; sous Clémenceau et Mandel, il vaut mieux les avoir à l'ombre — surtout quand on risque d'y aller soi-même.

*
* *

«Quelques jours après, les papiers et la fortune de M^r et Madame Caillaux étaient enfermés dans le fameux coffre-fort de Florence. Si les Evêques et les Congréganistes en avaient fait autant, nous ne serions pas aujourd'hui dépouillés de nos biens. Si l'Empereur d'Autriche avait pris cette précaution, il ne serait pas mort de misère. Il vaut mieux tenir que voir venir.»

*
* *

Un autre jour, l'abbé Manoir nous dit :

— Jamais ma présence apostolique ne fut plus utile à Mr Caillaux qu'à l'époque de la campagne du Figaro.

« Les lettres de mon ami dénotaient un état d'esprit inquiétant. Je connaissais le caractère de Joseph. Quand nous jouions ensemble à 12 ans, il fallait toujours obéir. Si c'était aux soldats, il voulait être le général, si c'était à la diligence, il s'improvisait tout de suite le conducteur. Je redoutais tout de l'irritabilité de son caractère, surtout devant son impossibilité d'arrêter judiciairement la publication des lettres intimes volées chez lui par sa première femme. Je partis pour Paris afin de lui conseiller le calme.

« J'étais arrivé à modérer sa nervosité. J'allais regagner le lendemain Mamers, lorsque se produisit le grand drame, qui faisait dire à l'auteur d'un livre cependant très anti-caillautiste : « *Les défaitistes* », «que, s'il ne s'était pas produit, Mr Caillaux aurait gardé le pouvoir et que nous n'aurions pas eu la guerre.»

« Certains racontent encore, que c'est Mr Caillaux qui avait armé le bras de sa femme pour tuer Mr Calmette. Il ne faut pas avoir assisté comme moi à la scène que j'aurai toujours devant mes yeux, dussé-je vivre cent ans.

«On avait téléphoné les détails du drame au président qui s'effondra sur le fauteuil de son bureau, en pleurant comme un enfant.

«Il repoussait doucement mes consolations d'un geste qui voulait dire : Non, non, laisse-moi. Tout croule. Je ne veux rien entendre.

«Soudain, il se ressaisit, respira profondément, réfléchit un instant et se leva pour aller rejoindre sa femme au commissariat de Police de la rue du Faubourg Montmartre. Devant le public, il n'eut pas un mot de reproche pour celle qui venait de détruire toutes ses ambitions politiques, mais quand il revint chez lui avec elle pour les perquisitions, il entra en coup de vent dans le cabinet de travail où je l'attendais. Il prit entre ses mains sa tête, ne cessant de répéter, en la faisant osciller de gauche à droite : « Ah ! pourquoi a-t-elle fait ça? C'est horrible! Horrible!

« A ce moment, Mme Caillaux parut encadrée de deux policiers, qui, se souvenant sans doute, que le mari était encore ministre, n'osèrent pas franchir le seuil du cabinet de travail. La prisonnière était blanche comme un suaire. Elle tendit vers son mari prostré dans un fauteuil, des mains suppliantes et de ses lèvres sortaient ces mots : « C'était trop ! C'était trop ! Il fallait en finir ! Mais je ne voulais pas le tuer, je le jure sur toi, sur ma fille. Sur le bon Dieu, monsieur l'abbé ! Oui, sur le bon Dieu ».

«Le Président qui devait alors la défendre devant les assises, avec un talent et un cœur, qui firent l'admiration de ses ennemis eux-mêmes, s'avança vers sa femme et lui dit avec une dûreté qui ne devait être

que d'un instant : Vous venez de briser ma carrière !
On ne doit pas se faire justice soi-même » (1).

***

« Il n'y a pas qu'en Corse qu'on voit des vendetta, nous racontait l'abbé Manoir, un jour que nous nous promenions le long des vertes prairies de la Teste. Les haines Caillaux-Clémenceau sont légendaires dans notre pays. Elles remontent à 1870. Toute ma vie j'ai entendu maudire le nom de Clémenceau par mes protecteurs.

« Il commença à s'attaquer au père de Joseph, Mr Eugène Caillaux, ministre du 16 mai. Par trois fois, Mr Clémenceau — qui devait plus tard faire arrêter le fils — réclama la mise en accusation du père. Ce n'est pas de sa faute s'il n'est pas arrivé à le déshonorer. Il a pris sa revanche sur le fils.

« Ma première grande douleur fut la mort de mon protecteur, survenue en 1896. Mr Caillaux père

____

(1) A rapprocher de cette déclaration le passage de cette lettre que Mr Caillaux m'écrivait de Mamers, le 11 Août 1923, au lendemain du meurtre d'un de ses amis par le Directeur d'un théâtre de Bordeaux.

« _Lamentable l'assassinat de Cohen. L'homme n'était certes pas sans défauts. Il était violent mais le fond était excellent. Et puis, vraiment, cette façon de trancher des discussions d'intérêts est excessive. Je m'applaudis de n'être plus Inspecteur de Finances. Je serais exposé à ce qu'un percepteur auquel je demanderais sa comptabilité, comme Cohen la demandait au sympathique Directeur du Trianon-Palace, me riposte par quelques dragées désagréables à recevoir . ._ »

était aussi vif que son fils. Bon chien de chasse de race. Il avait quitté en août son château d'Yvré-l'E-vêque pour venir présider à Paris une importante séance du conseil d'administration du P. L. M. Une violente discussion surgit entre lui et un membre de son Conseil. Une congestion cérébrale le foudroya quelques heures plus tard, ce qui m'a souvent fait di-re à mon ami Joseph, quand il se fâchait : « Calmez-vous, monsieur le président. Songez à M^r votre père!» Et il s'apaisait aussitôt.

« En mettant dernièrement de l'ordre dans mes vieux papiers, j'ai trouvé la collection des journaux qui rendaient compte des funérailles de mon bienfai-teur. Elles avaient eu lieu à Paris, à Saint-Augustin où Joseph Caillaux fit sa première communion. Je n'ai gardé que le *Figaro*, qui terminait ainsi son article nécrologique.

« Toutes les classes de la société parisienne ont «voulu, par leur présence, rendre un dernier hommage «à l'homme éminent, dont toute la vie a été un exem-«ple de probité et d'honneur».

«L'article était signé Gaston Calmette. Il n'était alors qu'un simple rédacteur au journal qu'il devait diriger plus tard.

« La veille du jour où Clémenceau déposait à la Chambre sa demande en autorisation de poursuite contre Mr Joseph Caillaux, le 10 décembre 1917, j'avais vu mon ami d'enfance à Mamers où il était venu présider une réunion patriotique.

« Je lui répétais ce jour-là une histoire qui m'avait été contée par un député de la droite, à la table d'un curé doyen.

« Je causais avec Mandel dans les couloirs de la Chambre, nous avait dit le député en question, lorsque Mr Caillaux vint à passer.

« Vous ne trouvez pas, demandais-je au lieutenant de Mr Clémenceau que Caillaux a l'air malade?» « Oh ! me répondit-il, ça n'a pas d'importance, nous allons lui faire faire une cure de santé ». M. Caillaux, selon son habitude, souleva les épaules et ajouta : « Je les attends ! »

«Il ne les attendit pas longtemps.

«Le 14 janvier 1918 — ainsi que l'avait annoncé Mr Mandel, Mr Caillaux était à la Santé.

«On apprend vite les mauvaises nouvelles, même à Mamers. Il n'y avait pas deux heures que l'arrestation avait eu lieu, que dix de mes confrères accouraient chez moi le sourire aux lèvres pour me l'annoncer. Le soir même, je débarquais à Paris où je me fis conduire au domicile de Mme Caillaux. Je la trouvais brisée d'émotion et de fatigue. Sa fille était auprès d'elle, et tâchait de la consoler. Je vous attendais, Monsieur l'abbé, me dit Mme Caillaux. Je savais que vous viendriez ». Elle ne put pas en dire davantage, car elle eut à ce moment une crise nerveuse qui nécessita la présence du docteur.

« Sa fille me mit au courant des événements. L'arrestation que rien ne faisait prévoir la veille avait eu lieu à neuf heures du matin. « Mr Caillaux sortait de son cabinet de toilette quand il se heurta à un commissaire de police et aux inspecteurs de la Sûreté qui le mirent en état d'arrestation. Malgré ses protestations, on pénétra dans le cabinet de toilette, sans égards pour ma mère qui prenait son bain. Prévenue par téléphone, j'arrivais au moment où Mr Caillaux s'arrachait des bras de sa femme en larmes, pour être écroué à la Santé. « Sois courageuse, Henriette, dit-il à ma mère. C'est un mauvais moment à passer, mais je n'ai rien à me reprocher. Les cris de haine de mes ennemis n'étoufferont pas la voix de la justice, même sous la dictature Clémenciste ». Dans la journée, nous avons été à la Santé où on a refusé à ma mère de voir son mari. Nous pensions qu'il devait bénéficier du régime des détenus politiques, puisque la Chambre n'avait accordé la suspension de l'immunité parlementaire que pour crime politique. Mais son avocat, Mr de Moro-Giafferi nous apprit qu'on l'avait soumis au régime des condamnés de droit commun. A son arrivée à la Santé, on l'a fouillé, on lui a pris son argent, ses bijoux, sa montre. On lui a tout enlevé : bretelles, cravates, ciseaux, tire-bouchons, etc. Son avocat en est indigné et va protester auprès du Garde des Sceaux. Notre ami Pascal Ceccaldi prétend que pendant des semaines et des semaines personne ne pourra approcher Mr Caillaux et que ma mère elle-même ne sera autorisée à le visiter que dans deux mois. On ne pourrait même pas lui écrire. »

« Ainsi devait-on essayer par un traitement inique de briser la résistance morale d'un homme dont le père avait déjà été poursuivi par la haine de Clémenceau.

« Le lendemain matin après ma messe, continua l'abbé Manoir, je me rendis chez l'aumônier de la prison espérant qu'il pourrait me faciliter l'entrée de la Santé où j'aurais tant désiré apporter à Mr Caillaux le réconfort de mon amitié sacerdotale. Il me fit comprendre qu'il n'y avait rien à tenter pour le moment. J'appris que Mr Caillaux était placé dans le quartier de la haute surveillance, où les guichets des cellulles sont constamment ouverts, où les gardiens, dont la promenade est incessante, ont l'ordre d'observer les moindres gestes des prisonniers, que son plus proche voisin de cellule était l'assassin Guerrerro condamné à mort pour avoir violé et tué une fillette de 7 ans.

« L'aumônier me promit de faire part de ma démarche à Mr Caillaux dans le cas où il serait appelé à causer avec lui et de me prévenir quand il y aurait possibilité de l'approcher. N'ayant plus rien à faire à Paris, je repartis pour Mamers où je dus subir les sarcasmes de mes confrères et particulièrement de ceux qui avaient eu besoin de la protection de l'ancien ministre.

« Vers la fin de février 1918, M͏ʳ Caillaux m'écrivit de venir à Paris où il pourrait recevoir ma visite « tant désirée », car il avait donné mon nom comme étant celui d'un ami de toujours.

« Le jour de ma visite à la Santé étant fixé, je partis de chez moi la veille, après avoir cueilli dans son jardin quelques-unes de ses fleurs préférées. Elles devaient lui apporter le parfum des jours heureux.

« Avec quelle émotion, je franchis la lourde porte de la prison. Dans le parloir où je l'attendis longtemps, je revoyais toute la vie de Joseph Caillaux. La figure austère de sa mère, fille d'un banquier de Caen, veuve d'un ancien procureur du roi sous la monarchie de juillet, remariée avec Eugène Caillaux.

« Je voyais la sévère figure de l'ancien ministre du 16 mai, qui avait porté si haut l'orgueil de son nom, que ses ennemis eux-mêmes — à l'exception de Clémenceau —, l'avaient entouré de respect. Mme Eugène Caillaux apparentée en Angleterre avait fait de cet intérieur de grand bourgeois, le home d'un lord. Je n'ai jamais entendu une conversation légère dans ces salons où les enfants n'élevaient la voix que lorsqu'on les interrogeait — ce qui était très rare.

« Comme sur un écran, je revoyais le palais de Versailles où logeait Joseph quand son père était ministre des Travaux Publics ; le Louvre où nous avions si souvent joué à cache-cache quand Eugène Caillaux y habitait en qualité de grand argentier de France.

« L'enfance de Joseph fut celle d'un privilégié entouré de richesse et d'honneurs officiels qui tout en allant au père réjaillissaient sur le fils.

« Je revoyais les institutrices anglaises qui empêchaient les autres enfants de jouer avec Joseph et surtout Miss Mary que nous appelions Miss « stioupide » parce qu'elle avait toujours ce mot à la bouche, quand il s'agissait de qualifier les actions des autres.

« A la campagne, j'étais le seul enfant admis à jouer avec Joseph Caillaux.

« Je songeais au distant élève de l'aristocratique institution ecclésiastique de Fénelon qui suivait les cours du lycée Condorcet sous la garde d'un prêtre auquel il avait promis l'épiscopat, quand il serait ministre.

« Son meilleur ami était à cette époque le duc Decazes, qu'il n'a jamais cessé de voir jusqu'à sa mort. Maurice Barrès a fait de Caillaux collégien un portrait si exact, que je l'ai gardé dans ma mémoire après l'avoir transcrit sur un carnet : *Il y avait en lui*, écrivait-il, *de l'enfant gâté. Enfant heureux privilégié, il devait arriver dans son collège, léger, aimable, en petit riche avec sa voiture à la porte et de belles cravates variées*».

« A 27 ans, il est député de la Sarthe à la place du duc de La Rochefoucauld. J'entends encore les vivats des électeurs, tandis que lui saluait la foule du haut d'un balcon brillamment illuminé.

« A 37 ans, il est ministre. A 48 ans, président du
Conseil. Il a pu dire dans son ambition démesurée :
quo non ascendam ! Certains ont prétendu qu'il trouvait que l'Elysée n'était pas assez haut. Je n'en sais
rien. Et maintenant à 55 ans...

*
* *

« Mes méditations rétrospectives furent inter-
rompues par des bruit de pas.

« Dans un instant j'allais le voir. Mon émotion
était si grande que je fis une courte prière à Celui qui
a toujours fortifié ma faiblesse. « Quia tu es Deus,
fortitudo mea ».

« Ce n'était pas lui, mais un gardien de la prison
qui venait m'annoncer que Mr Caillaux me recevrait
le lendemain seulement, car à la suite de son repas, il
venait d'être pris de tels vomissements qu'on envoyait
chercher les médecins et Madame Caillaux qui allait
franchir pour la première fois les portes de la cellule
de son mari.

« On avait songé un moment à me faire monter,
mais Mr Caillaux y renonça, pensant que la presse
ne manquerait pas d'interpréter à faux la visite d'un
prêtre, ou de s'en gausser.

*
* *

« Le soir, je vis Mme Caillaux très impressionnée
par tout ce qu'elle avait vu et entendu dans la cellule

de son mari, située dans le quartier de la haute surveillance et des condamnés à mort : « Juste en face de sa cellule, me dit-elle, il y a les cachots, que dans l'argot des prisons, on appelle les « mitards », où l'on enferme les prisonniers coupables d'infractions aux règlements ».

« Beaucoup d'entre eux, ainsi que me l'a expliqué le docteur de la prison, sont des demi-fous. On a dû matelasser les murs de leurs cellules pour les empêcher de venir s'y briser la tête. Nuit et jour, on entend leurs plaintes, leurs malédictions. On dirait être là-bas, dans un coin de l'Enfer de Dante.

« Il y a en ce moment parmis les reclus, de nombreux algériens qui, presque nuit et jour, modulent leurs plaintes en de traînantes mélopées. Mon mari qui ne pouvait pas supporter autrefois le moindre bruit, même musical, me disait, sans doute pour me consoler, que ces voix d'Orient lui rappelaient Alger la Blanche où il avait longtemps vécu.

« Je me souvins alors de la préface qu'il avait écrite pour un livre de Mr Maurice Ajam consacré à l'Algérie: « *Combien de fois m'est-il arrivé, quand, au Parlement ou bien au gouvernement, j'étais amené à étudier un problème algérien, de laisser tomber la plume ou de fermer le dossier, pour revoir les plaines ensoleillées, les blanches Koubas, les palmiers émergeant du sable, la gloire des oasis dans le soleil couchant ! Combien de fois ai-je éprouvé la nostalgie du « bled », de la terre qui captive, de la terre dont Fro-*

mentin jadis, dont, plus près de nous, Guy de Mau-
passant, ont exactement noté le charme prenant ».

« Le « bled », les oasis, les soleils couchants, il les
revoit maintenant à travers les sanglots chantés des
Marocains, sous la lampe électrique qui reste allumée
toute la nuit et l'empêche de dormir, car il n'a jamais
pu reposer que dans l'obscurité.

« Il n'y aurait que demi-mal, si on n'avait pas
cherché à l'empoisonner...

— Oh ! croyez-vous, Madame, qu'on irait jusque là ?

— C'est à la suite de son repas qu'il a été pris
d'un si violent embarras gastrique, avec d'horribles
vomissements. Je sais bien que les médecins affir-
ment qu'il n'y a pas eu tentative d'empoisonnement.
Cela n'empêche que le directeur de la prison a voulu
mettre sa responsabilité à couvert et a ordonné qu'à
partir d'aujourd'hui les paniers qui contiendront les
repas de mon mari et que livre un restaurant voisin,
soient cadenassés au départ, Mr Caillaux seul ayant
une clé pour les ouvrir à l'arrivée. Oh ! je sais bien
que demain matin les journaux nationalistes raconte-
ront que mon mari souffre d'une maladie due à des
excès de jeunesse. Que n'a-t-on pas dit d'écœurant à
ce sujet ! »

* *
*

« Le lendemain je revins à la Santé. Il n'y avait
pas trois minutes que j'étais au parloir lorsque je vis

arriver Mᵉ Caillaux, encore souffrant de son indisposition de la veille, encadré de deux gardiens, qui allèrent s'asseoir dans un coin, pas très loin de nous. Mon ami de toujours m'avait tendu les bras. Je m'y précipitais et nous pleurâmes tous deux, sans pouvoir nous dire un mot. Quand il eut essuyé ses yeux où je voyais pour la première fois des larmes, il se retourna vers ses gardiens chargés de tout écouter, de tout épier, de faire un rapport circonstancié sur chaque conversation. Sentant que son moment de faiblesse pourrait être interprété contre lui, d'après cette disposition d'esprit spéciale à la justice toujours disposée à prendre l'impassibilité d'un accusé pour du cynisme, et son émotion pour de la faiblesse; deux attitudes différentes qu'elle interprète comme des aveux de culpabilité, il leur dit : « Mᵉ l'Abbé est mon ami d'enfance. Je revois dans la limpidité de ses yeux comme dans un miroir, toute ma vie heureuse. Il me semble qu'il porte en lui le reflet de ceux que j'ai aimés et qui l'ont aimé, ma mère, mon père... mon pays. Son émotion était si grande qu'il s'arrêta.

« Quand il eut raffermi sa voix, il me dit en s'asseyant : « Me crois-tu coupable, toi qui m'a suivi dans la vie, sans approuver tous mes pas, dans les chemins de la politique ? »

« Je n'ai pas approuvé votre conversion radicale, même en pensant qu'un bon pilote donne un coup de barre à gauche pour aller à droite, mais je ne croirai jamais que le fils d'Eugène Caillaux ait pu trahir sa patrie. Ce que je crains, avec l'exubérance de votre caractère et votre désir d'intervenir en tout, c'est que vous vous soyiez occupé pendant la guerre plus de ses conséquences que de ses nécessités immédiates. Cela suffit pour permettre à vos ennemis de vous accuser, sans tenir compte de vos intentions. On peut faire pendre un homme avec deux lignes de son écriture, il suffira à un Clémenceau, doublé d'un Mandel, d'une simple virgule. Il baissa la tête, se contentant de répondre: « Tout sera mis à jour, comme un jugement dernier. »

« Je savais que cet homme violent n'avait pas de rancunes. Je m'attendais cependant à entendre de coléreuses diatribes contre Clémenceau et ses séides. Je l'avais même mis sur la voie en lui disant que dans la Sarthe, beaucoup le regardaient comme la victime du Tigre, l'éternel ennemi de sa famille. Il me répondit par cette phrase de l'Antigone de Sophocle qu'il devait placer en tête de la préface d'un de ses livres (1) « Mon cœur est fait pour l'amour et non pour la haine ».

« Ce qui l'inquiétait surtout, c'était de savoir ce qu'on pensait de lui dans la Sarthe. Je ne lui cachais

____

(1) Mes prisons (42e mille). Flammarion. 6 frs.

pas que dans le clergé, on me faisait grise mine quand je le défendais.

— Le clergé du Mans objecta-t-il, n'a pas à se plaindre de moi — surtout les curés de campagne. Bien des évêques qui me crossent maintenant me doivent cependant leurs sièges épiscopaux. J'ai pu soustraire aux perquisitions un dossier volumineux renfermant des lettres de remerciements de ceux que j'ai obligés dans ma vie politique. J'aime à y relire notamment la belle et chaleureuse lettre d'un Cardinal, ancien vicaire général du Mans ».

« Je m'efforçais d'apporter au prisonnier de la consolation et du courage, nous disait l'abbé Manoir. Joseph Caillaux avait une force d'âme extraordinaire. Je savais qu'il avait gardé de son éducation première une admiration profonde pour « l'Evangile de douceur et de charité qui fut prêché sur la montagne » (1).

« Je lui offris un jour le nouveau testament où j'avais marqué plusieurs passages avec des fleurs de son jardin de Mamers. Il les regarda longuement avec émotion. Une gravure qui marquait le livre pieux représentait Saint-Jean endormi sur le cœur du Christ. C'était l'image qu'il m'avait offerte le jour de sa première communion. Il comprit tout ce que j'avais voulu dire sans oser parler. « Merci, merci, me dit-il.

_____

(1) *Mes prisons*. ch. II - p. 29.

Viens me revoir. Ne compte pas sur mes lettres, car il s'écoule cinq jours au moins avant qu'une réponse me parvienne. Les lettres que j'envoie et celles que je reçois doivent passer sous les yeux du magistrat instructeur».

« Et en l'embrassant je lui dis: « Courage, offrez à Dieu vos souffrances en expiation, et relisez l'Evangile ».

Ainsi de jour en jour se déroulait devant nous le drame de la vie de Caillaux.

Une autre fois l'abbé Manoir nous dit combien la lecture de l'Evangile avait apporté de consolation au prisonnier :

« On se demande pourquoi, très peu de condamnés à mort refusent les secours de la religion avant de mourir. Qu'est-ce qui a pu convertir ces monstres ? Un vieil aumônier de prison qui avait accompagné à l'échafaud bien des assassins, me l'a souvent dit : « Quand nous avons essayé de tous les subterfuges pieux : souvenir d'une mère chrétienne, du clocher natal, don d'une médaille de la Sainte-Vierge ou d'un chapelet, nous leur racontons la passion du Christ. Et ils reviennent moins au Dieu puissant qu'au frère divin qui devient ainsi le compagnon et le consolateur de leur misère ».

« Mr Caillaux qu'on voulait à cette époque envoyer au Conseil de guerre ne se faisait aucune illusion.

Il avait souvent protesté contre la justice sommaire des tribunaux d'exception — principalement aux époques exaspérées d'une guerre ou d'une révolution. — Il entrevoyait avec fermeté le poteau d'exécution de Vincennes. Nul ne dira ce qu'il puisa de force dans la lecture de l'Evangile.

« Son amour d'enfance pour le Christ évangélique si différent de Celui que les Scribes et les Pharisiens ont maquillé pour les besoins de leurs causes, revenait à la surface de son âme meurtrie.

« Nous n'avons dans le malheur qu'un ami: le Christ, c'est le parent pauvre qu'on invite aux enterrements, mais qu'on oublie pour les noces.

« Une dépêche m'annonça en octobre 1918, poursuivit l'abbé, que Mr Caillaux était traduit devant la Haute-Cour de justice pour complot contre la sûreté extérieure de l'Etat. Neuf mois de détention et 52 interrogatoires, n'avaient pas pu permettre, malgré tous les efforts, le renvoi devant le Conseil de Guerre. On préféra le procès politique. Mon ami réclamait ma présence à Paris: je le trouvais terriblement changé Tant qu'il avait eu à discuter l'accusation avec Mr Bouchardon, il avait pu résister aux défaillances de sa santé; il était soutenu par ses nerfs. Mais quand il revint dans sa prison l'instruction une fois terminée, alors qu'il n'attendait plus que sa comparution devant la Haute-Cour, enfermé parmi les détenus de droit commun, alors, la réaction se fit. Il ne dormait plus, n'avait plus d'appétit, de fréquents évanouissements l'épuisaient. Sa tension artérielle devint inquiétante. Les médecins s'effrayèrent.

« Il lui aurait fallu le bon air, de longues promenades, un traitement électrique. On lui refusa tout, implacablement, malgré les démarches de ses amis. Il souffrait aussi des dents, il n'y avait pas de cabinet dentaire à la Santé et cependant on ne lui permit point de se faire conduire chez un dentiste, ce qui lui faisait dire en souriant malgré ses souffrances : « Voilà bien la preuve que Clémenceau me garde une dent ! » A force de demandes et comme l'état de l'ancien président ne s'améliorait pas, on finit par installer en face de sa cellule des appareils électriques qui permirent de le traiter.

«Madame Caillaux obtint par l'entremise d'un ami dévoué, qu'on permit à son mari de se promener dans « le jardin des politiques ». C'est là que je le vis un jour — grâce à l'obligeance de l'aumônier — prostré sur un banc, véritable loque humaine, à bout de forces. Ce jardin entouré de murs si élevés que le soleil ne s'y montrait jamais, a peut-être huit mètres de large sur une trentaine de long. Certes, ce n'était pas dans un tel lieu que ses adversaires pouvaient craindre qu'il se remit. Combien pourtant s'indignèrent de ce traitement de faveur ! »

— Cependant, fis-je observer à l'abbé Manoir, toute la presse a parlé de la vitalité de Caillaux, lorsqu'il comparut.

— La préparation de sa défense lui donna un coup de fouet, qu'on attribua dans la presse, à un traitement spécial, me répondit-il. Il dut également ce sursaut de vitalité au fait qu'on obtint enfin son transfert dans le quartier des politiques où il n'eut plus à souffrir de cette pénible promiscuité.

« Mais le mieux n'était que momentané.

« Une consultation de médecins connus devint nécessaire. J'étais à Paris à cette époque et je craignis à plusieurs reprises que Mʳ Caillaux ne sorte pas vivant de sa prison.

« Le mal avait-il réellement empiré dans d'inquiétantes proportions, ou le doute commençait-il à naître déjà ? Le fait est que ceux qui refusaient quelques mois avant une visite chez un dentiste, autorisèrent le 13 septembre 1919 le transfert du prisonnier à Neuilly-sur-Seine dans la maison de santé des docteurs Devaux et Charpentier.

« J'y ai passé de belles heures malgré la présence des deux agents de la sûreté qui le gardaient jour et nuit. Celui que la vie avait gâté dès le berceau, et qui n'éprouvait plus aucune joie sous les rafraîchissants ombrages de son parc, était heureux comme un enfant dans son pavillon de Neuilly.

« La verdure des futaies, le parfum des fleurs étaient pour lui, après sa longue détention, comme une oasis rafraîchissante, à l'abri duquel le voyageur harrassé est heureux de se retrouver après l'aridité du désert.

« Ce qui l'amusait surtout, c'était le va-et-vient des gens qui passaient sur le boulevard et qui tâchaient de l'apercevoir à travers les grilles enguirlandées de roses grimpantes. Les médecins qui le soignaient avec un dévouement sans bornes, l'appelaient « Monsieur le Président ». Cette déférence contribua sans nul doute aussi à l'amélioration de sa santé, et lui permit de prendre des forces pour affronter, en février 1920 les audiences de la Haute-Cour devant laquelle il avait à répondre de l'accusation « *d'intelligences avec l'ennemi, d'attentat contre la sûreté de l'Etat, crimes punis par les articles 77 et 79 du Code pénal.*

— Avez-vous assisté aux audiences de la Haute-Cour ? demanda l'un de nous, un jour, à l'abbé Manoir.

— Certainement. Je n'en ai pas manqué une.

— Pouvez-vous nous faire part de vos impressions ?

Et tout en dégustant un bol de lait frais dans une étable modèle, à l'ombre des grands pins, après une longue promenade en forêts, il nous raconta : « La vue de cette tribune du Sénat où Mr Caillaux était si souvent monté pour répondre à des interpellations ou pour y discuter des intérêts de l'Etat dont il avait la charge m'impressionna d'autant plus qu'elle allait se transformer en tribunal d'où on l'accuserait. Il devait se défendre avec une maîtrise de lui-même et une dignité reconnues même par ceux qui n'avaient pas de sympathie pour lui. Son énergie après de si longs mois d'un dur régime, étonna même ses amis.

« On attendait un accusé, on eut l'impression d'avoir devant soi un ministre interpellé, qui répondait. Impression d'autant plus forte qu'une partie des audiences eut pour sujet la politique d'avant-guerre de l'ancien président, et son rôle au moment d'Agadir. Il défendit avec orgueil et âpreté son action, et montra quels dangers il avait alors écarté de la France, et combien ces arrangements marocains avaient contrarié les plans des impérialistes et des excités de tout poil.

« Des lettres de Jules Cambon, ambassadeur de France à Berlin, après les négociations qui conduisirent à la signature du traité Congo-Maroc entre l'Allemagne et la France, apportèrent le témoignage irréfutable que la paix ne fût alors préservée que grâce à la vigilance et au calme de l'ancien président du Conseil, en plein accord d'ailleurs avec notre ambassadeur à Berlin.

« Le réquisitoire de Mr Lescouvé, procureur général, pouvait se résumer ainsi : « En temps de guerre, on n'a pas le droit de préconiser une politique différente de celle du gouvernement ».

« Je n'était pas loin d'avoir la même opinion. Mais je ne pouvais m'empêcher de songer que les accusés n'étaient pas tous présents, ou bien qu'on faisait de Mr Caillaux un bon émissaire, car il aurait suffi de parcourir la *Gazette des Ardennes* et *l'Homme enchaîné* d'alors, pour constater que Clémenceau même, et beaucoup d'autres pouvaient être accusés d'avoir semé le défaitisme jusque dans les régions envahies.

— Après les belles plaidoiries des Mes Marius Moutet et de Moro-Giafferi, reprit l'abbé Manoir, je fus heureux de voir se lever Me Edgar Demange. La dignité d'une carrière déjà longue et brillante auréolait son beau visage de vieillard. Je savais qu'il n'aurait pas défendu un traître, il me l'avait dit un jour où j'étais allé le voir pour le prier de s'interposer afin qu'on donnât à Caillaux malade, la possibilité de se mieux soigner. Je ne doutais pas que la prière d'un prêtre soit écoutée par un homme qui ne cachait pas ses convictions. Me Demange me promit en effet de s'entremettre. Il ne croyait pas tout ce qu'on reprochait à l'accusé, et cependant il n'avait pas encore accepté officiellement de défendre l'ancien Président du Conseil, tant était absolue sa résolution de ne pas aller contre sa conscience : « Si au cours de l'instruction se révélaient des détails qui devaient laisser planer quelques doutes, m'avait-il dit, je ne pourrai pas assumer une défense que ma conscience réprouverait et je ferai en sorte de me dispenser de cette tâche. » Mᵉ Demange à la barre, c'était une conviction morale de plus pour moi de l'innocence de mon ami.

« Ce n'est pas être « Caillautiste » que de rappeler ce que fut ce procès, la plaidoirie de Mᵉ Demange, ni que Caillaux fit à la Haute-Cour un discours qui fut applaudi jusque dans les tribunes. Peu de gens à ce moment-là, doutèrent de l'acquittement. L'enthousiasme de tous, même des adversaires, à la sortie de l'inoubliable audience, a été marqué par la presse entière.

« On se souvient de la réplique de Mᵉ Demange, citant les propres paroles de M. Clémenceau en 1891 au cours d'une interpellation à la Chambre :

« Vous n'êtes pas pour le Tribunal Révolutionnaire, disait le Tigre, à un de ses interrupteurs, vous avez la mémoire courte ! Il n'y a pas longtemps, vous et moi, nous avons fait un tribunal révolutionnaire, et le pire de tous : nous avons créé la Cour de Justice, et livré à des hommes politiques d'autres hommes politiques, dont la condamnation était ainsi assurée d'avance !»

« On se rappelle aussi que parmi ceux qui donnèrent avec intrépidité le signal des applaudissements, sans souci du qu'en dira-t-on, se trouvaient au premier plan Madame de Noailles, la magnifique poétesse, et Madame Georges Louis, la femme de notre ambassadeur à Saint-Pétersbourg.

« On sait comment, pour atténuer l'impression que
fit le discours de Caillaux, le jugement fut remis au
lendemain, sous prétexte que le président n'avait pas
eu le temps de rédiger les questions.

« Ce que fut la décision, tout le monde s'en souvient : par 213 voix contre 28, la Haute-Cour rejetait
les conclusions du procureur général et déclarait
« qu'il n'y avait pas lieu de faire application des articles 77 et 79 du code pénal en vertu desquels Caillaux était poursuivi. »

« C'était l'aquittement, après 27 mois de détention.

« C'est alors que fut exhumé l'article 78 en vertu
duquel Mr Caillaux n'avait jamais été poursuivi — et
qui est ainsi conçu :

« Si la correspondance avec les sujets d'une
« puissance ennemie, sans avoir pour objet l'un des
« crimes énoncés dans l'article précédent (intelligence
« avec l'ennemi, manœuvres, machinations, complot),
« a néanmoins eu pour résultat de fournir aux enne-
« mis des instructions nuisibles à la situation militaire
« ou politique de la France et de ses alliés, ceux qui
« auront entretenu cette correspondance seront
« punis... ».

« Me Demange se révolta contre l'iniquité de ce
procédé, il fit sentir à la Cour qu'il n'avait jamais été
question de cet article, ni à l'instruction du Conseil de
Guerre, ni à celle de la Haute-Cour, ni pendant les 24

jours de débat, ni même dans le réquisitoire du Procureur général. Il eut ces paroles d'une magnifique probité morale et d'un grand courage aux heures troubles qu'on traversait alors : « Vous me permettrez de m'étonner de ce raisonnement, Messieurs ! Vous ne condamnerez pas Mᵣ Caillaux pour ses idées politiques, car vous êtes d'honnêtes gens ! »

« Ce fut en vain. Grâce au subterfuge de cet article subsidiaire exhumé au dernier moment, le principe de la condamnation fut acquis, sans qu'on eut permis à Caillaux, auquel on retira la parole, de s'exprimer, sans qu'il ait été soutenu par ses avocats.

« La solennelle et tragique et douloureuse protestation de Mᵉ Demange n'a pas dû être oubliée par beaucoup, lorsque dans le silence qui précéda le verdict il laissa tomber d'une voix vibrante ces paroles : « Moi je regrette du fond de l'âme de n'avoir pas été averti, et je tiens à vous déclarer que Mᵣ Caillaux est aujourd'hui déclaré coupable d'un crime *dont il n'a jamais été accusé*. Vous allez le condamner *sans qu'il ait été défendu. Je prends acte devant le pays qu'il n'a pas été défendu*, et je vous prie de vous en souvenir dans vos délibérations ».

« On sait ce que fut le verdict: Exclusion pendant dix ans de la vie politique. Interdiction pendant cinq ans de paraître dans une série de départements qu'indiquerait le gouvernement.

Cette condamnation digne de Ponce Pilate mécontenta tout le monde, car elle ne pouvait être qu'in-

suffisante pour un traître, ou inique envers un innocent.

*
* *

« Je ne voudrais pas, nous dit l'abbé Manoir, le
jour où après avoir évoqué ces heures tragiques, nous
étions restés un long moment silencieux, et où, malgré
la douceur des choses qui nous entouraient, il nous
semblait n'être pas au milieu des pins balancés par
la brise, au soleil, mais dans l'atmosphère angoissée
de la salle du Sénat, je ne voudrais pas que vous
gardiez de moi le souvenir d'un prêtre politicien, d'un
partisan politique en soutane. Je me suis efforcé de
demeurer un honnête homme, de juger impartialement
les événements, de ne pas faillir aux devoirs de l'amitié et de la reconnaissance, tout en restant fidèle aux
devoirs de ma charge et à l'esprit du Christ. Je désire que vous sachiez que je ne prends jamais une dé-
termination sans m'être longuement recueilli au pied
du crucifix.

« Du fond de ma conscience, je déclare avoir obéi
à la voix miséricordieuse de Celui qui a dit : « On
n'éteint pas le lumignon qui fume encore ». Ma fonction sacerdotale et mon amitié ont exigé que je n'a-
bandonne pas un ami dans le malheur. »

Un de nous, royaliste notoire, fit à l'abbé Manoir
cette question, pour reprendre la conversation : « Mais
enfin, Monsieur l'Abbé, vous vivez sous le toit de

gens qui ne sont pas mariés religieusement, donc, excommuniés ».

A quoi le saint homme répondit en souriant : « Je suis en bonne compagnie, car d'autres prêtres que moi et de plus élevés, se sont assis à la table de Mʳ Caillaux, lorsqu'il était Ministre et que sa situation matrimoniale était la même.

« Le nonce et l'archevêque de Paris fréquentaient l'Elysée quand Mʳ Poincaré n'était pas marié religieu-sement, car vous savez que Mgr. Baudrillard n'a béni son union dans la chapelle de l'institut catholique, qu'à l'approche de la visite du roi et de la reine d'Espagne. Il y a des accomodements avec le pouvoir. C'est ainsi que Mʳ Doumergue, Président de la République Fran-çaise est excommunié comme franc-maçon, mais en-censé comme chanoine de Latran et de notre cathé-drale du Mans ».

— Oui... évidemment, mais il y a une différence entre Mgr. Baudrillard et vous...

— La couleur de la soutane ?

— Non. Mʳ Caillaux est divorcé, Madame Cail-laux l'est également. Il y a donc deux empêchements dirimants à la régularisation religieuse de leur union.

— Pas du tout. En première noce, Mʳ Caillaux avait épousé une femme déjà divorcée, Mme Jules Dupré, née Berthe Eva Gueydan. Il ne put donc pas y avoir de mariage religieux, et par conséquent pour l'Eglise, cette première union n'existait pas. Si la seconde Mme Cailllaux n'avait pas été elle-même divorcée, Mr Caillaux aurait pu faire bénir son second mariage à l'Eglise. Malheureusement elle était l'épouse divorcée de l'écrivain Léo Claretie, neveu de l'Académicien, administrateur de la Comédie Française.

— Quelle famille ! objecta notre ami royaliste. Et vous ne vous trouvez pas déplacé dans ce milieu, Monsieur l'abbé ?

— Si j'étais tenté de m'y trouver déplacé, je penserais au puits de Jacob, sur la margelle duquel Jésus s'assit avec la Samaritaine, au grand scandale de ses disciples, « parce qu'elle avait eu plusieurs hommes, dont aucun n'avait été son mari ». C'est cependant à elle qu'il demanda à boire, c'est à elle qu'il promit de cette eau vive dont elle ne serait plus jamais altérée.

*
**

Le jour de son départ, l'abbé Manoir nous fit ses adieux sur la place des Palmiers où nous étions réunis. Il regagnait le soir même sa paisible demeure dans les environs de Mamers.

Ce n'est pas sans regret, de part et d'autre, que nous nous séparâmes. Comme je m'attardais encore et ne pouvais me résoudre à quitter le bon prêtre qui fut le compagnon de nos longues promenades, et que chaque jour me faisait estimer mieux, il me saisit brusquement aux épaules et dans un geste fraternel qui me toucha profondément, il me donna l'accolade sacerdotale, joue contre joue, et l'émotion faisait briller ses yeux.

Un prêtre des plus spirituels de la Gironde me dit un jour à propos de l'abbé Manoir : « Ecrivez-lui, que s'il revient à Arcachon, on n'essaiera plus de l'empêcher de dire une messe basse, mais qu'on le priera de chanter la grand-messe ! »

Les sautes de vent de la politique se feraient-elles sentir jusque dans le sanctuaire ?

TROISIÈME PARTIE

———

LES ÉLECTIONS DE 1924

LE ROLE D'UN COLISTIER DE Mr CAPUS
ET LA LETTRE CAILLAUX.

Ceux qui ont suivi les élections autrement qu'en faisant leur pâture habituelle d'un seul journal, et que la passion n'aveugle pas, ont pu se rendre compte de la façon dont la foule subit les caprices des vents politiques lorsque leur souffle est habilement dirigé. Ils ont pu voir aussi que la trahison n'est pas toujours récompensée, ni la flétrissure maîtresse, bien qu'elles soient monnaies courantes au cours d'une campagne électorale.

En 1914, s'il y avait à Bordeaux un homme qu'on ne pouvait pas accuser de « faire la noce », c'était à coup sûr Mandel, et pour cause, son estomac ne lui permettant qu'un régime sévère. Notre homme, à l'affût, observait, sa mémoire infaillible enregistrait, et son esprit bâtissait des plans. Depuis longtemps, il cherchait un siège électoral. Il était né député, comme d'autres naissent peintres ou musiciens. A douze ans, ne demandait-il pas à son père qui lui ofrait un présent à son choix, d'être abonné au Journal Officiel.

Bien que fils de tailleur, l'idée d'une veste lui répugnait. Aussi cherchait-il la clientèle électorale qui se laisserait suffisamment éblouir par ses qualités dont lui-même n'a jamais douté, pour l'élire sans hésitation.

Il jeta en Gironde de la graine Clémenciste, persuadant les uns et les autres de son éloquence abondante, qu'il n'était point de salut pour la patrie, hors de son patron. Et lorsque Clémenceau vint au pouvoir, Mandel eut soin au Ministère de la Guerre d'avoir un service officieux où les intérêts girondins étaient particulièrement soignés ! Mes compatriotes n'ont point encore perdu le souvenir des sourires et des promesses de l'ancien député de la Gironde, ni de ses bienfaits ! Et tel haut personnage galonné n'oublie pas sans doute aussi qu'il faisait plus facilement le planton devant la porte du lieutenant de Clémenceau, que ses futurs électeurs !

On raconte que le vieil ironiste répondit un jour à Mandel qui lui demandait d'embusquer le fils d'un électeur influent : « Qu'on le nomme interprète pour le patois girondin à votre Cabinet ! », et qu'une autre fois, pénétrant dans le bureau de son aide il lui avait dit : « Ouvrez donc la fenêtre, Mandel, ça pue l'ail et le bouchon ici. »

O ingratitude humaine. C'est pourtant cet homme dont le même parti girondin qui l'avait avec enthousiasme porté au pouvoir en 1919, devait se débarrasser d'un coup d'épaule dédaigneux en 1924.

On a toujours dit que la reconnaissance était une dette pesante et que bien souvent l'obligé finit par exécrer son bienfaiteur !

Il faut avoir assisté aux réunions électorales de 1919 pour se faire une idée de la folie, de la « canaillerie » de certains chefs de parti, des procédés d'intimidation et du « bourrage de crâne » qui régnèrent pendant toute la campagne.

Lorsque Mandel entrait dans une salle de réunion, c'était du délire. Les candidats dont il assurait l'élection par sa seule présence sur la liste dont il était le chef et qui devaient le lâcher en 1924, le suivaient comme des enfants de chœur. Ils avaient l'air de sortir de sa poche, comme des pantins. Ils étaient en extase devant lui comme des connaisseurs devant ces chiens de race qui sont trouvés beaux à force d'être laids. A ceux qui reprochaient à Mandel d'être juif, ses colistiers répondaient que c'était un israélite, avouant avec candeur à des électeurs naïfs, toute la différence qu'il y a entre un israélite lorsqu'il est notre ami, un juif lorsque nous nous brouillons avec lui, et un sale « Youpin » lorsque nous lui en voulons à mort.

Que n'a-t-on pas dit alors de prodigieux sur Mandel, véritable Ministre de la Guerre, conseiller de nos grands hommes de guerre, surhomme qui allait faire la richesse de la France, et plus particulièrement remplacer la Garonne par le Pactole.

La liste Mandel fut élue à une écrasante majorité. Le Bloc National triomphait partout.

***

Sans égards pour les vieux républicains girondins, on offrit à Mandel la présidence du Conseil général. C'était l'apothéose. Il devait bientôt éprouver la fragilité de tous ces sentiments.

Il commença à s'en appercevoir après l'échec de Clémenceau à la présidence de la République. La majorité des colistiers de celui qu'on appelât le soutien-Georges, le lâchèrent d'un cran. Mais ils ne connaissaient pas encore Mandel qui devait leur apprendre que si l'axiome « Scripta manent » n'avait pas existé encore, il l'eut créé pour lui.

Je ne serais pas étonné que certaines victimes des procès injustes que permit la période troublée de la guerre, et la nécessité de parer à des fautes qui risquaient d'atteindre le moral, par des coups frappant l'opinion publique, ne soient un jour réhabilités par cet homme d'une souplesse sans égale !

Ne parle-t-on pas beaucoup d'une lettre qu'il ne produirait qu'après la mort du Tigre et le complet abandon de ceux qui avaient basé leur union momentanée sur les condamnations infamantes de leurs adversaires politiques ?

On dit que cette lettre serait l'objet de tractations secrètes, poussées avec âpreté, et qu'un puissant personnage dont le rôle fut prépondérant ces dernières années y attacherait une importance capitale.

En attendant la grande lessive — dont on pourrait dire que le linge est déjà ébouillanté ! — Mandel devait se venger du volte-face de ses anciens amis, en sortant en séance publique du Conseil général, les engagements écrits qu'il leur avait fait prendre. Ce fut un beau pavé dans l'étang de la politique girondine d'union nationale ! Une seule signature manquait au bas de la page qui marquait les engagements pris à l'insu des électeurs : celle de Mandel.

Cette incursion dans le passé, si j'ose dire, car en politique, plus qu'en toute autre chose, le présent ne dure qu'un instant, n'est pas inutile.

En effet, ne sera-t-il pas curieux de constater à la faveur de ce rapprochement entre les deux campagnes électorales de 1919 et de 1924, marquée par d'ardentes luttes, que ceux-là mêmes qu'embarqua la galère de Mandel en 1919, confièrent leur défense à celui qu'ils considéraient quelques mois plus tôt comme un partisan de Caillaux frappé par le maître de leur ancien demi-Dieu !

Ironie des événements qui s'appliquent à démontrer notre instabilité, la puissance de nos passions, et la fragilité de nos édifices spirituels !

Manque le coche reniant Caillaux, confondu par Mandel, grâce à Caillaux ! On ne peux rêver mieux au théâtre !

*
* *

Les élections de 1924 approchaient. Déjà Chaumet, coulé par la torpille du Bloc National, recueilli par les transfuges de la liste Mandel, avait été envoyé au Sénat par ceux qui lui avaient en 1919 fermé les portes de la Chambre. Mais on n'a pas été Ministre de la Marine sans avoir appris l'art de revenir sur l'eau !

On espérait que Mandel, abandonnant l'ingrate Gironde, irait se présenter ailleurs. C'était mal le connaître. Après avoir eu la dernière habileté de se faire agréer par l'Archevêché, réalisant ainsi une union sacrée inattendue, qui forçait l'admiration par la souplesse dont avaient fait preuve les contractants, Mandel composa une liste sur laquelle figuraient les quelques fidèles des jours heureux. Mais il s'aperçut aux élections de la cruelle vérité du proverbe: Tel est pris qui croyait prendre ».

En face de sa liste, il y eut celle du Cartel des Gauches, et celle de « la petite Gironde » composée d'anciens partisans de Mandel et de quelques personnalités d'un républicanisme ondoyant !

Pour combattre cette liste qu'il avait appelé « la liste si vile », l'ancien lieutenant de Clémenceau mit sur ses affiches et dans son journal, en regard des articles enthousiastes que lui décernaient en 1919 la « Petite Gironde », les insultes qu'elles lui adressaient en 1924. Cette campagne fit la joie d'un grand nombre d'électeurs, profita largement au Cartel, et fit dire à Caillaux : « Décidément «la petite Gironde» a plus de caractères dans son imprimerie qu'à sa rédaction ! »

Mon étonnement fut grand lorsque j'appris que *manque le coche* sacré grand chef du Caillautisme en Gironde, par Moro-Giafferi aux Orchidées, ne figurait pas sur la liste du Cartel des Gauches. J'écrivis à Caillaux pour avoir la raison de cette inexplicable abstention.

Il me répondit :

... « *Les élections de la Gironde me paraissent encore plus emberlificotées que dans le reste de la France et ce n'est pas peu dire. Depuis près d'un an, je n'ai eu aucune nouvelle de X... Il a évité de m'écrire au sujet de sa candidature. Je n'en suis informé que par les journaux qui la représentent comme un acte de dissidence. Je n'en sais pas autre chose* ».

Quelques temps après, *manque le coche* qui aurait dû figurer sur la liste du bloc des Gauches, était le plus belle ornement de celle qui réunissait tous les transfuges du nationalisme Mandeliste,

Que s'était-il donc passé ? Oh ! une chose bien simple et bien humaine. Ayant eu de ses adversaires le secours financier qu'il n'avait pu trouver chez ses amis, notre candidat endossa leurs opinions en empochant leur argent.

*
* *

Excellent orateur, de sang-froid et d'esprit vif, *manque le coche* était devenu le leader et le porte-parole des réunions organisées par les candidats de « la Petite Gironde ».

Aucune interruption ne l'embarrassait, il avait réponse à tout.

Ses démêlés avec Caillaux, cependant, commençaient à être connus. On ne manquait donc pas de l'interroger à ce sujet. Toutefois, aucune donnée précise n'avait permis jusque-là de l'interpeller sérieusement. Aussi, lorsqu'on lui criait : « Caillaux, et Caillaux ! Parlez-nous de Caillaux ? » Notre homme, la bouche en cœur, répondait en substance : « Caillaux ? Connais pas... ou si peu que ce n'est vraiment pas utile d'en parler. Autrefois, oui, je l'ai vu quelquefois, mais si rarement que je ne puis dire le connaître « Clérical, le saint préféré de notre oublieux candidat eut été Saint-Pierre avant le chant du coq !... Hominem non cognosco !

Et « la Petite Gironde » de proclamer à grands renforts de superlatifs, que son leader, traité de Caillautiste, avait sans peine confondu ses misérables calomniateurs.

Le jeu de ce candidat singulier commençait à m'intéresser. J'étais curieux, (sachant ce que j'en avais appris aux Orchidées), de voir à quel point il pousserait l'audace. Et son attitude de Janus lui donnait, dans la galerie de mes dindons politiques, une place en vue.

Quel exemple typique à donner en pâture à la réflexion de l'électeur trop crédule, qu'il soit de droite ou de gauche, sur ce que doit peser dans l'opinion qui décide du vote, le battage des périodes électorales.

Mon amusement ironique du début, faisait place à de la stupéfaction. Sans rien savoir de ces tractations antécédentes, des électeurs béats allaient donner leur confiance à un homme qui, s'il avait été satisfait quelques mois plutôt, combattrait aujourd'hui ses colistiers et le gouvernement dont il se faisait le défenseur, après avoir affirmé son dévouement au condamné de la Haute-Cour !

C'est alors que je m'attachai à suivre les faits et gestes électoraux de ce dillettante de la politique, qui prouvait aux électeurs girondins la souplesse de son talent, en plaidant avec la même éloquence le pour comme il aurait plaidé le contre en d'autres circonstances.

*
**

Tous les matins, une enveloppe renfermant le compte-rendu officiel des réunions de la veille,

au cours desquelles *manque le coche* reniait chaque
fois un peu plus de son « cher président », partait
pour Mamers à l'adresse de Joseph Caillaux.

La lutte se livrait bien déjà autour de l'ancien
président du Conseil. Comme disait Séverine dans un
article de « l'Ere Nouvelle » en mars 1924: « Rien que
son ombre » ! Rien que l'ombre d'un homme auquel on
avait tout pris, autorité, liberté, droits civils et politiques et jusqu'à ses aises dans la circulation, passion-
nait les débats. Et c'était une chose qui vraiment vous
surprenait et vous rendait songeur.

Je n'ai jamais cru que Caillaux fut un traître,
mais comme presque tout le monde j'étais con-
vaincu « qu'il y avait quelque chose ». La
constatation pour ainsi dire forcée d'un revirement
que tout rendait malaisé, presque impossible avec la
publication mondiale d'un jugement infamant, le peu
de résistance de presque tous ceux qui loin d'un adversaire semblaient vouloir le dévorer et, mis en face
de lui, se bornaient pour le moins au silence (1), enfin des exemples comme celui de *manque le coche;*
tout cela, en dehors même des conversations que
j'avais pu avoir avec Caillaux ou ses tenants, achevait
de me rendre sceptique. Je n'étais pas loin de réformer mon jugement.

---

(1) Nous exceptons ici les ligueurs d'A. F. comme nous
ne tiendrions compte d'aucune agression commise sous
le couvert d'une organisation politique. Il s'agit de
l'attitude privée des gens.

En attendant, mes envois quotidiens se poursuivaient, et je me disais que, telle éclaterait une machine sous pression dont la vapeur ne pourrait s'échapper; la machine imprudemment conduite par *manque le coche* éclaterait un jour brutalement, au grand dam de l'équipage et de son capitaine, et provoquerait une catastrophe électorale dont on parlerait en Gironde.

Mais je ne m'attendais certes pas à jouer un rôle dans l'explosion qui devait faire sauter la liste dont notre ancien Caillautiste était le plus bel ornement !

Je reçus un beau jour, en effet, de Caillaux, la lettre suivante :

« Cher Monsieur,

« X. est un j. f...

« Il est venu me voir à Mamers en 1920, m'affirmer son immense dévouement. Il est revenu me voir plusieurs fois à Arcachon. Une fois en compagnie de Moro-Giafferi pour me répéter les mêmes protestations. Entre temps, il me demandait d'agir auprès de mes amis du Comité exécutif pour que le Comité qu'il avait formé à Bordeaux fut déclaré le seul orthodoxe et que le comité Labroue fut déclaré d'hérésie. Il faisait valoir à l'époque, que Labroue ne se

*prononçait pas nettement en ma faveur, alors que
lui...*

« *Son zèle ne s'est évanoui qu'à partir de mars
1923. Il m'a demandé à cette date un concours financier que je n'ai pu lui accorder. Dès lors, presque plus
signe de vie. Un seul mot pour m'offrir ses services
comme avocat après l'agression d'Ebelot à Toulouse.
Puis plus rien.*

« *Me plaçant en dehors de toute question politique, estimant qu'un homme qui, parce qu'on lui a refusé de l'argent, cherche à mordre la main qu'il bai-
sait la veille, ne peut inspirer de confiance en aucune
sorte, qu'il est bien entendu indigne de représenter
ses concitoyens, je crois de mon devoir de le démas-
quer.*

« *Je ne verrai donc nul inconvénient, au contraire, à ce que vous posiez au sieur des questions sur
ses rapports avec moi; et pour qu'il ne puisse se dé-
filer, je vous adresse copie d'un fragment de la lettre,
soigneusement conservée, où il me demande le service
d'argent dont je viens de parler. S'il nie, j'ai l'original; je suis tellement indigné que je pense à proposer
à un grand journal de publier le papier.*

« *Toujours dans le même but de salubrité, je ne
ferai sans doute pas de difficulté pour communiquer
la lettre en cause à tel groupe de candidats républicains qui voudraient la produire. Il faut que les élec-*

*t urs sachent, toutes opinions politiques mises à part,
je le répète, ce qu'est ce Monsieur.*

*« Tous mes très vifs remerciements pour les
renseignements précieux.*

*« Croyez bien, cher monsieur, à mes amitiés dé-
vouées,*

Signé : Joseph Caillaux. »

Mr Caillaux m'ayant donné l'autorisation de montrer la lettre à un adversaire de bonne foi, ma décision
fut rapidement prise : j'allai trouver le député Ballande, co-listier de Mandel, et dont les adversaires
mêmes, reconnaissent l'honnêteté commerciale et le
républicanisme sincère quoique modéré.

Je lui montrai la lettre que j'avais reçue. Après
l'avoir lue en silence, il me dit de sa voix nasillarde
qui semble toujours sortir du pavillon d'un gramo-
phone : « Allons tout de suite voir Mandel. Il faut absolument lui communiquer cette lettre sans retard.
Elle est d'une importance énorme ».

Il était dix heures du matin. A l'hôtel Terminus
où nous allâmes le trouver, Mandel dormait encore.
Il s'était couché après une réunion publique dont il
n'était sorti qu'à quatre heures du matin, après avoir
tenu la tribune cinq heures durant.

Ce qu'il peut y avoir de résistance nerveuse chez cet homme malingre et de santé chétive tient du prodige.

Qui n'a pas vu Mandel au lit n'a rien vu ! Dans la ouate qui entoure son cou maigre et l'enveloppe jusqu'au nez, on dirait un pauvre petit oiseau tombé du nid, que des mains charitables ont ramassé et réchauffent pour qu'il ne meurt pas. On songe aussi à quelque enfant né avant terme et sorti de sa couveuse avant la tétée.

Il prit la lettre de ses doigts diaphanes, la parcourut lentement, après avoir congédié d'un geste résigné le médecin qui debout aux pieds du lit semblait assister à l'évanouissement d'un souffle de vie. Un domestique entra, d'une beauté plastique toute romaine, porteur d'un plateau sur lequel se trouvaient des mets de régime, du vin fortifiant et des cachets digestifs. Sur un signe de son maître, il prit un peplum dans lequel il enveloppa l'ex-demi dieu de la Gironde avec l'attention qu'on met à manipuler un bibelot.

Lorsque Mandel fut hors du lit, il vint s'asseoir dans un fauteuil, près d'une petite table de fabrication en série pour grands hôtels, et sans mot dire, une fois encore relut la lettre. Puis, se tournant vers moi, d'une voix enrouée par les efforts de la nuit, il me dit :

« Monsieur, si je ne connaissais pas l'écriture de M^r
Caillaux comme la mienne propre, et si mon ami
Ballande ne m'avait pas dit qui vous êtes, je penserais
certainement : voilà un phénomène dont il faut se méfier, c'est une belle pièce, mais elle est fausse, il ne
me fera pas tomber dans le panneau. Mais votre document est authentique. Encore une fois je connais
l'écriture de Caillaux. Savez-vous, continua-t-il après
un arrêt, que j'ai bien envie d'en tirer un appréciable
profit électoral ? » il disait cela d'un ton dégagé mais
ses yeux me fixaient, à la fois ironiques et interroga-
teurs.

    — Avec cette torpille... et sa voix se faisait sin-
gulièrement caustique, avec cette torpille... et il élevait
ma lettre d'un geste sacerdotal qui contrastait d'une
façon saisissante avec le ton de sa voix, je vais couler
la galère de « la Petite Gironde ».

    Il disait, « je vais » car il savait bien, sans que
j'aie rien dit encore, que la lettre lui resterait. Mais
en homme habitué à payer à prix d'or les dévoue-
ments, il me lança brutalement avec un rictus :
« Pourquoi n'avez-vous pas porté cette lettre à Cha-
pon (1) ? il vous aurait « truffé » ? En somme, que
demandez-vous en échange de ce document ?

    Il y avait de l'insulte et du défi dans cette apos-
trophe sanglante. La colère me saisit. D'un geste
brusque j'allongeai le bras et j'allai arracher ma let-

____

(1) Un des directeurs du grand journal bordelais « La Petite
    Gironde ».

tre des mains de Mandel, lorsque instinctivement je détournai les yeux et je vis dans l'armoire à glace, Ballande qui, derrière mon dos, l'air effaré faisait à son colistier des gestes désespérés qu'accompagnait une mimique d'un comique tel, que désarmé, je me retournai vers lui pour rire.

Mais déjà l'ancien bras droit du Tigre, avec toute la souplesse de ceux de sa race, avant que j'aie pu seulement lui répondre que je n'avais aucun besoin des trente deniers d'un de ses illustres ancêtres, avait changé l'aspect de son visage tiré par la fatigue, s'excusait avec affabilité et m'assurait de sa reconnaissance.

— Je n'oublie *jamais*, me dit-il, et de nouveau ses yeux me regardaient, semblant dire : « Il n'a pas l'air plus bête qu'un autre, mais c'est quand même un idiot ! En même temps, il caressait la lettre et la pliait avec soin.

Je fus saisi par ce « jamais », dans ce regard, dans ces gestes, tout Mandel passait. En quelques secondes, je compris l'être que j'avais devant moi.

L'oiseau tombé du nid était un oiseau de proie, l'enfant élevé en couveuse s'amusait non pas avec un hochet, mais avec la fronde de David, ce corps chétif était gonflé d'énergie, ce regard était chargé du mépris, de l'orgueil acumulés depuis des générations.

Dans son peplum, avec ses gestes ridicules, il m'apparaissait comme ces fous, qui, entre deux gri maces, assis sur les marches d'un trône, donnaient à des rois séniles des conseils et quelquefois des ordres.

Je le voyais amusant Clémenceau par l'étonnante précision de sa mémoire, l'art qu'il déployait à servir ses vieilles rancunes, ses pirouettes, son autorité grimaçante, et son énorme aplomb.

Quel homme étonnant celui qui réussit en Gironde à capter les conservateurs au point de leur faire adorer un être que la veille, ils vouaient aux gémonies. Robert Houdin en face de Georges Mandel, n'existe pas !

En le regardant je ne pus m'empêcher de songer qu'à l'époque où partageant la dictature avec le Tigre, il disposait de la Justice, je n'aurais pas aimé être dans la peau d'un Caillaux !

C'est le soir même de ce jour, à la Bastide, faubourg révolutionnaire de Bordeaux que Mandel souffleta *manque le coche* de la lettre vengeresse. Celui qu'on avait pris comme candidat pour teinter de rouge la liste incolore de « la Petite Gironde », pâlit affreusement à la lecture de ce document. Il sentit le coup de massue qui tue. Mandel, « quo non ascendam ! » avait un avion électoral qui survolait les villes et les campagnes pour jeter aux populations ses harangues. Dès le lendemain matin, la lettre Caillaux, tirée à des centaines d'exemplaires, tombait du ciel sur les têtes ahuries des paysans et des citadins. On l'afficha partout.

Les presses n'étaient pas seules à gémir, les colistiers de *manque le coche* en faisaient autant. Ils espérèrent éviter la débacle en sommant l'ancien Caillautiste de se disculper. Il nia tout ! allant même jusqu'à annoncer par voie d'affiches et dans des papillons largement répandus qu'il poursuivrait ses calomniateurs devant la justice, à commencer par son ancien ami Lucien Victor Meunier qui, ayant reçu directement de Mᵣ Caillaux une copie de la lettre vengeresse, l'avait publiée en la faisant suivre de commentaires exempts d'aménité.

Hélas ! les papillons de *manque le coche* devaient venir se brûler les ailes aux lumières d'une violente réunion électorale à Arcachon, au cours de laquelle l'audace du négateur, me contraignit à remettre les choses au point.

Avec la marche féline des fauves qu'on fait entrer dans la cage des exercices, les électeurs arcachonnais qui ressemblent à ceux de partout, pénétraient dans la vaste salle d'un gymnase où *manque le coche* va essayer de faire du rétablissement.

On est à la veille des élections. Chacun va se tapir dans son coin comme le lion prêt à faire entendre ses rugissements dès que la lanière du fouet passera dans sa crinière. Des « bourgeois » venus là pour éprouver la sensation qu'espérait l'anglais suivant partout un dompteur, afin d'être présent le jour où les fauves le déchireraient, se tenaient prudemment à côté des portes. Des ouvriers en grand nombre étaient venus en costume de travail. Les fumées du tabac imprégnaient l'atmosphère d'une odeur âcre. Comme ces clergymen qui, le dimanche dans Hyde Park commentent les versets de la Bible à quelques fidèles égarés, les chefs de partis arcachonnais s'agitaient dans les coins.

On sent l'orage dans l'air. Le coup de théâtre de la Bastide agite les esprits. Déjà les invectives se croisent. Des bruits invraisemblables circulent. Chacun veut être mieux renseigné. Les pronostics vont leur train. Deux mille êtres se pressent dans la salle. C'est une cohue, qui de temps à autre s'harmonise pour réclamer en chœur les candidats sur l'air des lampions. On prétend que Mandel, bien que devant parler dans quatre localités éloignées d'Arcachon, viendra néanmoins en avion ! pour river son clou à *manque le coche*.

Quelques soutanes égarées, font croire que le populaire abbé Bergey, dieu naissant au soleil couchant de Mandel, viendra distribuer la bonne parole. Un électeur qui l'a entendu parler à Bordeaux, fait l'éloge de son éloquence. Un autre cite cette réponse de Mandel à un interrupteur qui s'égosillait à lui crier en patois :

« Taïze té, (1) bout coupé » — « Voilà bien encore une indiscrétion de votre femme, je lui avais pourtant bien recommandé de n'en rien dire ! » Cris, imprécations, l'atmosphère est surchauffée.

J'étais venu là pour entendre l'abbé Bergey qui m'était inconnu et je n'avais aucunement l'intention de prendre la parole, ni d'intervenir. Je me tenais dans le fond de la salle, sous une corde à nœuds à laquelle était accrochés quelques intrépides socialistes. Soudain, un bruit de moteur dans la rue où grouille la foule turbulente de ceux qui n'ont pu entrer. Les candidats arrivent. Un camion a, depuis un moment, déversé tout ce qu'on a pu draîner de voyous et de souteneurs dans les quartiers mal famés de Bordeaux, dans l'espoir d'empêcher la contradiction.

Ils font pleuvoir dans la salle, une nuée de papillons portant les dénégations de *manque le coche* au sujet de ses relations avec Caillaux et l'annonce des poursuites qu'il va intenter contre Lucien-Victor Meunier.

Je saisis au vol un de ces papillons, d'un mouvement impulsif, je le brandis vers la tribune où l'on vient au milieu d'un tumulte indescriptible de nommer un bureau, et je ne sais quelle force me poussant à la vue de tant d'inconscience, je me prends à crier avant de m'être concerté : « Je

____

(1) Tais toi.

demande la parole après le signataire de ce tract mensonger. J'apporterai la preuve que tout ce qu'il nie est au contraire strictement vrai ».

Une clameur accueille mes paroles, je suis happé, traîné, hissé à la tribune où pour la première fois de ma vie, je me trouve en face de l'homme dont je vais achever peut-être de compromettre l'élection.

Physique assez fin, joli garçon, pas antipathique; mais sans rien de marquant, raie impeccable, partant du front pour finir dans le cou, jaquette du bon faiseur, taille d'officier de cavalerie portant corset, ongles et mains pour devanture de manucure, tel m'apparut *manque le coche*. Il eut un sourire las et désabusé. La campagne avait été dure, il sentait la victoire lui échapper. Il eut pour moi un regard de bête traquée, implorant la pitié du chasseur, qui malgré moi si peu fait à ces genres d'exécution, me toucha au plus vif. Je crois bien que si ce regard m'avait rencontré au moment où brandissant mon papillon, j'allais demander la parole, je n'en aurais pas eu le courage.

Le secrétaire du malheureux candidat me prit à l'écart. Il tenta de m'amollir, me suppliant de donner un caractère si j'ose dire... anodin à mon intervention, et me représenta son patron comme un modèle d'homme sorti du rang à force de labeur et d'énergie.

« Il a une famille à protéger, termina-t-il, et son honneur à défendre ». « Je ne disconviens pas du travail qu'il a fourni pour se créer une situation, ni du mérite qu'il a eu de réussir, répondis-je. Cependant, reconnaissez avec moi puisque vous me parlez d'honneur, que son rôle vis-à-vis de Caillaux, manque à tout le moins de vernis. Au surplus, il est trop tard maintenant ».

— Mais vous savez bien qu'au fond vous n'êtes pas Caillautiste, vous ne partagez pas toutes ses idées.

— C'est vrai... mais souvenez-vous que beaucoup de Dreyfusard n'aimaient pas Dreyfus. Il y a une question d'honnêteté qui prime tout.

Cependant la foule, avec cette joie sauvage de l'instinct dans les mouvements de masse, excitée par l'espoir d'une « exécution », réclamait avec des hurlements l'exécuteur.

Le colonel Picot, mutilé de guerre, debout, les bras croisés, comme une statue de Cathédrale tailladé par les iconoclastes de 1793, n'arrivait pas à se faire entendre. Il devait triompher pourtant, porté par la reconnaissance des anciens combattants qui lui doivent beaucoup, en dehors de ses opinions politiques.

Mais ce soir-là, il devait subir en sa personne toutes les rancunes exhalées contre certains chefs pour leur dûreté. Les souvenirs mal éteints des brimades de la vie de caserne étaient renvoyés comme autant de soufflets, et les erreurs des conseils de guerre lui étaient jetées à la face comme autant de réquisitoires.

Le rouge de l'affront empourpre sa face, il est sans doute prêt à l'insulte. Mais peut-être se souvient-il du but de sa présence. En vieux conducteur d'hommes, il laisse passer la tempête. Demain, beaucoup de ces gens auront besoin de son intervention. Il les reprendra. Un sourire ironique remplace l'insulte, sur les lèvres recousues par le fil du chirurgien. Et comme malgré ses efforts, il ne peut placer un mot, c'est avec une expression de tristesse qu'il regagne sa place.

*
* *

La parole est à *manque le coche*.

D'un geste las et coquet, il rejette le manteau qui protégeait ses épaules frileuses des courants d'air. Il enveloppe la salle d'un regard qui est moins celui du vainqueur que des martyrs saluant l'imperator avant de mourir : l'imperator moderne, la foule, le suffrage universel dont on est tôt ou tard la victime.

Pour faire diversion, il annonce qu'il va développer son programme.

Une clameur étourdissante accueille cette déclaration.

Il s'agit bien de programme à cet instant.

Ce n'est plus un candidat, c'est un accusé qui doit prouver son innocence, ou convenir de sa faute et disparaître.

Dans la salle ce n'est qu'un cri : « Caillaux ! Caillaux ! Caillaux ! »

On réclame mon intervention.

Manque le coche avec un sourire forcé, me fait signe qu'il me cède la parole. J'essaie, tourné vers la salle de protester, désireux que la défense soit d'abord entendue: « Je suis ici pour répondre au candidat lorsqu'il se sera expliqué à propos de ses relations avec Caillaux. Il est donc juste qu'il puisse parler ».

Un silence relatif se fait, et le malheureux candidat, se recouvrant de son manteau, déclare, soudain bref et hautain: « Je parlerai de Caillaux à mon heure ».

Vaine intimidation. Le bruit est à son comble. Un orateur essaie sans succès de calmer la salle par des gaudrioles.

Le nom de Caillaux sans cesse répété domine le tumulte. La tribune menace d'être envahie.

Il y a une heure que le candidat arpente la tribune sous les invectives. Il est prêt de onze heures lorsqu'il se décide enfin à aborder le sujet de ses relations avec Caillaux.

Encore le fit-il sans répondre directement aux attaques de Victor Lucien Meunier.

« M\u02b3 Victor Lucien Meunier a prétendu que j'avais été l'avocat de M\u02b3 Caillaux. C'est faux ! s'écriat-il. Et voilà pourquoi je le poursuis. Cet homme essaie, par jalousie personnelle, de me discréditer aux yeux de la population Girondine. Je n'ai jamais été l'avocat du condamné de la Haute-Cour, je n'ai jamais été son commensal.

Et malgré les protestations de ceux qui lui crient: « Il ne s'agit pas de ça. N'avez-vous pas sollicité l'appui de Caillaux ? Notre homme poursuit :

« Au surplus, devant les grands problèmes de l'heure présente, allez-vous vous attarder à des racontars d'envieux, à des calomnies de campagne politique. S'agit-il d'ailleurs de m'opposer à un concurrent. Ne savez-vous pas qu'il s'agit d'un homme qu'a flétri le jugement irrévocable de la Haute-Cour ? »

Devant cette dérobade, la salle avec bruit l'interrompit et réclama mon intervention immédiate. Je m'avançai alors et d'une voix émue malgré moi, je commençai par déclarer à l'orateur que s'il poursuivait Mʳ Victor Lucien Meunier pour calomnie, il pourrait lancer deux assignations et me réserver la deuxième, mais que néanmoins je dirai la vérité, comme l'avait dite mon collègue en journalisme.

« Tout le monde, m'écriai-je, pourra lire bientôt la lettre dans laquelle vous suppliez Caillaux de vous prêter la somme qui permette à votre frère de ne pas faire faillite. Cette somme n'ayant pas pu vous être donnée, vous vous êtes tourné vers ceux que vous étiez prêt à combattre.

« Vous n'avez jamais été l'avocat du condamné de la Haute-Cour, dites-vous ? Ne jouez pas sur les mots ! Voulez-vous qu'on publie la lettre où vous offrez à Caillaux, qui n'a pas accepté, de le défendre à Toulouse après l'agression d'Ebelot ? Vous n'avez pas été le commensal de Mr Caillaux? Voulez-vous le témoignage de ceux qui le furent avec vous, non seulement à Arcachon, mais encore à Mamers ?

« N'avez-vous pas profité d'une visite à Caillaux pour organiser ici-même, et dans cette salle, une réunion publique où vous avez fait l'éloge enthousiaste de celui que vous appelez aujourd'hui avec mépris le condamné de la Haute-Cour ? »

De tous les coins de la salle, des cris partent : Oui, oui... j'y étais... Vous avez terminé en criant : Vive Caillaux...

Je continuai, lorsque le tumulte se fut apaisé, en racontant l'échec de la combinaison dont parlait la fameuse lettre de Caillaux, et en rappelant la lettre dans laquelle il lui demandait son aide financière.

La cause était entendue. *Manque le coche* veut répondre. Le public ne veut rien entendre. Alors, reprenant la parole, je pus dire dans un calme relatif : « Il n'y a pas ici de justification à éluder en posant une question subsidiaire. Vous avez réclamé l'accusation, vous devez entendre la défense. Et j'ajoutai pris de pitié: « Maintenant que la vérité a été dite, n'oubliez pas non plus qu'au fond, le geste du candidat a été dicté par un profond amour fraternel ».

Manque le coche saisit la perche que je lui avais tendue par compassion et me remercia d'avoir su discerner les mobiles qui l'avaient fait agir.

*
* *

Les élections du 11 mai 1924, furent en Gironde comme dans presque toute la France, le triomphe du bloc des gauches.

Mᵉ Caillaux triomphait. L'échec de son ancien ami *manque le coche* avait été lamentable.

Il m'écrivit le 14 mai 1924, de la villa Bon Accueil à Royat :

« Le suffrage universel m'a d'ailleurs amplement vengé, X... arrive le dernier de sa liste qui est battue. J'imagine que le personnage n'est plus qu'une épave. Vous avez vu mon beau succès dans la Sarthe. Comme vous l'aviez prévu, la roue a tourné ».

Un immense besoin de paix, de calme, de justice avait provoqué cette réaction inattendue. De tous côtés les vérités étouffées depuis 1914 avaient commencé à forcer l'opinion du grand public. La politique russe d'avant-guerre, les tractations de la diplomatie secrète, les scandales des régions libérées, l'insolente richesse des profiteurs de la guerre, la vie chère, les scandales révélés des procès politiques menés pendant la guerre sous le couvert du patriotisme, les erreurs lamentables des conseils de guerre. Un désir immense de changement avait poussé le pays à prendre d'autres bergers.

Les élections du 11 mai 1924 achevèrent d'affaiblir la haine anti-caillautiste. Et je sais plus d'un milieu où l'on disait déjà tout bas, que Caillaux au pou-

voir serait une garantie contre l'entraînement des socialistes. Si l'on n'avait pas oublié l'histoire du Rubi-
cond, on n'avait pas oublié non plus qu'il n'était pas
hostile à l'Ambassade au Vatican. On espère que,
capitaliste, il saura défendre l'intérêt de l'industriel
et du commerce français, assurer le relèvement et
l'essor du pays, et que l'orgueil dont on l'accuse l'empêchera précisément de céder à toutes sollicitations
de partis ou d'intérêts. Car on sait au fond que
l'ancien Président du Conseil est un honnête homme
dans toute l'acception du terme. Il est d'un absolu
désintéressement personnel, et n'a jamais songé à faire
ses affaires en même temps que celles de l'Etat, malgré qu'en ait pu dire certains adversaires de mauvaise
foi. Nul n'ignore en effet, que Mr Caillaux fut un des
rares hommes d'Etat dont on inventoria les ressources
après ses différents passages au pouvoir, et que l'expert Doyen a pu dire dans ses conclusions que l'état
des revenus de Mr Caillaux était resté le même toujours, et en rapport avec sa situation de fortune et
celle de sa femme.

On n'ignore pas non plus qu'entre 1905 et 1914
la réalisation partielle de son programme financier
avait fait de la France un pays vraiment moderne,
sur les traces de grands états comme l'Angleterre et
l'Allemagne, et qu'enfin l'exécution de ce programme
lui concilia de vives sympathies, en particulier celle de
la classe rurale qui n'eut de yeux que pour Mamers
en 1914.

Il y eut bien la Haute-Cour ?... Mais ! les cruelles vérités d'après-guerre ont semé le doute sur de nombreux jugements ! Ainsi la ténacité de quelques amis fidèles, l'inébranlable fermeté de Caillaux, empêchèrent certaines vérités de mourir, et j'en sais quelques-uns qui, inquiets déjà de sentir le vent tourner, ont déjà su reprendre le chemin de Mamers !

Ceux qui l'insultaient hier, attisent aujourd'hui le feu des encensoirs pour faire monter jusqu'à lui les nuages embaumés de leurs adorations chargées d'espoirs.

J'eus la curiosité de savoir ce que pensais Caillaux de ce volte-face que j'observais moi-même, et les allusions qu'on faisait à sa prochaine reprise du pouvoir.

L'ancien condamné de la Haute-Cour me répondit de Mamers le 2 janvier 1925 :

« Je sais qu'on place en moi des espoirs exagérés. Je sais aussi que je ne rentrerai dans la fournaise que si je ne puis faire autrement et à de certaines conditions. Plutôt que de parader sur des tréteaux, je préférerais venir me promener à Arcachon et me reposer au milieu des pins... »

Lettre bien typique, où l'homme tout entier se révèle. Il sent que son heure revient, qu'une éclatante revanche le vengera de toutes les infamies dont l'abreuvèrent ses adversaires. Il reste calme, mais non pas faussement humble, mais non pas sans orgueil.

« Je ne rentrerai dans la fournaise que si je ne puis faire autrement et à de *certaines conditions* ». Il sait ce qu'il veut, il sait que même exilé, même privé de tous les droits, des trois quarts de sa liberté, son spectre hantait ses ennemis et que Poincaré lui-même, l'invoquant à propos de ses décrets-lois de fameuse mémoire, le traitait, lui proscrit, bafoué, condamné, « d'éminent personnage » !

« Plutôt que de parader sur des tréteaux... » Voilà d'un homme qui a son plan. Orgueil ? Il ne s'en est jamais défendu. Mais l'homme est un grand ambitieux. Parmi ses pairs, il ne veut être que le premier. Au diable les sentiers battus. « La fonction, c'est quelque chose, la situation, c'est mieux » a-t-il souvent déclaré. Il a la passion de son métier et l'amour de son pays, un amour aussi intelligent qu'il est ardent. Jamais homme d'Etat déchu n'aura connu semblable revanche et dont la portée soit plus significative, car on peut vraiment dire qu'attaqué par une meute sans merci, lâché par tous les timorés, son seul mérite réussit à le maintenir à la surface.

QUATRIÈME PARTIE.

DE LA ROCHE TARPÉIENNE
AU CAPITOLE.

— Allo ! Allo !

— Oui, c'est moi. Je suis arrivé ce matin à Paris... Pour cinq jours seulement, juste le temps de régler quelques afaires et je repars.

— ...

— Vous remercierez Mr le Ministre des Finances. J'accepte d'autant plus volontiers son invitation que j'aimerais bien ajouter à mon livre qui n'a pas pu paraître avant son retour au pouvoir, un chapitre sur les derniers événements qui ont suivi sa rentrée dans le conseil du Gouvernement.

— ...

— C'est entendu, aujourd'hui 22 mai 1925, au pavillon de Flore, à midi trente. »

Obligé de me rendre à la Société des Auteurs et Compositeurs dramatiques pour y régler quelques affaires, je décidai d'y passer dans la matinée avant de me rendre chez Mr Caillaux.

Lorsque j'arrivai, la ruche des travailleurs intellectuels était en pleine effervescence. Il y régnait une agitation inaccoutumée ; les moins assidus étaient là, discutant avec fièvre les résultats probables des prochaines élections pour le renouvellement du bureau. La lutte présidentielle était circonscrite entre Pierre Veber et André Rivoire, qui devait être l'heureux élu.

L'excellent et joyeux compositeur Hirchmann lève les bras au ciel en me voyant redevenu parisien.

Je lui raconte le but de mon voyage et lui fais part de l'invitation à déjeuner au Ministère des Finances.

Aussitôt, le voilà lancé : Il me dit avec enthousiasme son admiration pour notre grand argentier et parle avec volubilité de la politique du gouvernement.

Bien vite, un cercle de compositeurs et d'auteurs se forme autour de nous, attiré par la magie qu'exerce en ce moment à Paris le nom de Caillaux.

Je devais constater une fois de plus — en dépit de ce que certains pensent — que la province n'a pas seule le privilège des potins. Et à Paris, plus qu'ailleurs encore, les moindres murmures deviennent sons de trompe dès que vous vous piquez d'appartenir au Tout Paris toujours à l'affût des derniers scandales.

Les loups, dit-on, ne se mangent pas entre eux, mais les bons amis sont toujours là pour donner le coup de griffe en passant, oh ! mais avec la manière, sans cesser de sourire. On ne montre plus les dents, fi ! Nous sommes bien élevés ! Les pires choses sont dites d'un ton léger, comme une bonne histoire... mais la dent reste marquée.

L'homme du jour doit se résigner à subir l'assaut répété de toutes les perfidies, enfantées par la jalousie ou l'attrait de la dernière anecdote de la journée.

Il n'y a en la matière qu'une différence entre la Province et Paris : c'est qu'en Province la calomnie vous écarte systématiquement, vous isole comme un pestiféré, tandis qu'à Paris, — à moins que le Tout Paris ne vous rejette ! mais il est indulgent — on ne cessera pas de vous recevoir et de vous faire bonne mine, — quitte à vous déchirer lorsque vous aurez le dos tourné —, surtout si l'on sait que vous avez chez vous d'excellents cigares et du bon champagne, et que votre table est hospitalière.

En province, on a quelquefois la reconnaissance du ventre. A Paris, presque toujours.

Ce passage à la Société des Auteurs devait me montrer que Paris était toujours, comme lorsque je l'habitais, la ville où circule les plus invraisemblables nouvelles.

— Mais vous ne le verrez pas, Caillaux, ou à peine, m'affirma un vaudevilliste très connu. Vous ne savez donc pas à Arcachon ce que tout le monde murmure à Paris.

— Eh ! quoi donc, mon Dieu ?

— Il fait de l'amnésie cérébrale. Il quittera bientôt le char de l'Etat pour la petite voiture des paralytiques.

Et tous les chers maîtres enrubannés dans la Légion d'Honneur d'approuver du chef avec un air de pitié qui semblait dire : « On voit bien qu'il arrive d'Arcachon... »

— Mais enfin, hasardai-je timidement, je m'étonne que Mme Caillaux...

— Mme Caillaux ! ! pouffa un jeune auteur de revue, mais vous ne savez donc pas qu'elle n'habite plus avec son mari. On prétend même qu'il y a un divorce sous cloche.

— Mais non, mais non, affirma un autre, c'est tout le contraire qui est arrivé. M^r et Mme Caillaux viennent de faire légitimer leur union par l'Eglise, comme Mr Poincaré. Chose très possible, puisque Claretie, le premier mari de Mme Caillaux est mort, et que le Ministre des Finances ayant épousé en premières noces une femme divorcée, n'avait pas obtenu la bénédiction nuptiale.

Et les langues d'aller leur train.

Les uns parlaient d'une lettre extrêmement compromettante à laquelle j'ai déjà fait allusion. On précisait même qu'elle était écrite sur papier bleu, quadrillé, qu'elle était signée de Mr Poincaré, et qu'elle innocentait Caillaux de toutes les accusations portées contre lui. Ce document serait actuellement la propriété de l'ancien bras droit du Tigre qui le tiendrait suspendu comme une épée de Damoclès sur la tête de certains parlementaires plutôt intéressés au silence et terrorisés par des révélations possibles. On parle de ce « Sésame » redoutable en disant : « le talisman à Mandel ».

D'autres racontaient au contraire que Caillaux et Poincaré secrètement réconciliés par l'entremise de la Comtesse de Noailes, allaient marcher côte à côte comme deux frères siamois.

Quant aux projets financiers de l'ancien exilé de Mamers, on les discutait avec véhémence, chacun à sa façon et au tour de ses intérêts particuliers.

Les auteurs connus pour leurs opinions conservatrices et nationalistes, ceux qui avaient pensé, dit et écrit que Caillaux en cédant quelques terrains marécageux du Congo pour éviter la guerre et nous assurer le Maroc, avait trahi les intérêts de la France, voyaient à présent le dénouement de tous les embarras financiers dans la vente d'une de nos colonies : l'Indo-Chine, par exemple. Cette solution ayant l'avantage d'assurer le minimum d'impôt sur les bénéfices et les revenus, leur souriait particulièrement — malgré l'indignation manifestée par un journal notoirement conservateur.

Ce jour-là, Caillaux, insulté pour avoir échangé le Congo, deviendrait un grand homme pour avoir vendu l'Indo-Chine.

J'en avais assez entendu. Je pris congé de cette ruche en effervescence où figuraient tant de frelons.

*
* *

Tandis qu'un taxi m'emportait vers le Louvre, j'évoquais le jour où, pour la première fois, je franchis le seuil de la retraite qui abritait alors le condamné de la Haute-Cour.

Ah ! la roue avait bien tourné depuis...

Le destin, comme un aimant, avait ramené au pouvoir avec une inflexible rigueur celui que tant de haines avaient poursuivi. Malgré les efforts les plus puissants qui aient été faits pour anéantir physiquement et moralement un homme politique, l'ancien président du Conseil Caillaux, demeuré ferme et dédaigneux sous les coups, seul, même parmi ses plus fidèles amis, avait conservé non pas seulement l'espoir, mais la certitude de la revanche que lui apporterait le lendemain. Cette résurrection, à laquelle le public ne prit garde que lorsqu'elle fut à la veille de l'apothéose, que depuis plusieurs mois ses ennemis sentaient venir contre vents et marées, Caillaux, toujours, l'avait envisagée. Cette certitude lui fût dans l'adversité une force que ses adversaires n'avaient point prévue. Combien de fois il dût songer à tous ceux qui renieraient leur jugement de la veille. Avec quel secret mépris ne doit-il pas considérer ceux qui hier le condamnaient et aujourd'hui viennent secrètement le solliciter, en attendant de pouvoir demain faire montre en public de sentiments d'amitié.

Me voici dans la grande cour, sur les pavés de laquelle roulèrent autrefois les carosses des rois, des empereurs, des courtisans et des grands argentiers de France.

Je montai lentement les marches du perron qui conduisent aux appartements du ministre.

Au pied de l'escalier monumental que gravit Colbert, sous une merveilleuse tapisserie des Gobelins, un huissier correct et conscient de sa dignité me conduit jusqu'au premier étage.

A l'entrée des somptueux salons de réception, un autre valet moins solennel, car il m'a reconnu, me sourit avec l'air de me dire : « Nous sommes montés en grade depuis le temps où je vous servais à déjeuner, villa des Orchidées ! »

L'esprit encore préoccupé par ce que je venais d'entendre, je hasardais : « Et Madame la Présidente...? »

— Madame la Présidente est très bien. Elle recevra Monsieur dans son boudoir en attendant l'arrivée de M[r] le Ministre.

— Comment va-t-il Monsieur le Président ?

— Monsieur le Président ne s'est jamais mieux porté, Monsieur.

Le boudoir de Mme Caillaux, ou mieux le petit salon particulier où le ministre aime à causer dans l'intimité avec ses amis est une vraie serre embaumée.

Partout des corbeilles de fleurs, des massifs de roses. Des gerbes arrivées le matin encombrent tous les meubles et attendent que la maîtresse de maison les arrange elle-même au gré de sa fantaisie.

Je feuillette, en attendant, les revues de la semaine, dont les passages concernant Mme Caillaux sont marqués au crayon bleu par les soins d'une charmante secrétaire.

Mes regards s'arrêtent sur la revue parlementaire où d'Hermigny de Bruce, bien qu'il se montre parfois sévère et dur pour Caillaux, s'élève avec véhémence contre l'odieuse façon qui consiste à fouiller la vie privée d'un adversaire politique pour le vaincre, et place le problème sous son véritable aspect :

« Mais encore, écrit-il, pour présumer approximativement ce qu'on peut espérer de l'Augure à cette heure à la tête de nos Finances, en attendant qu'il ait repris comme par le passé la direction occulte, mais très réelle de toute la politique, est-il bon de revenir pour le faire revivre, sur son passé. Son passé politique s'entend, car l'autre, la vie privée, ne doit

intéresser que sa conscience et nous nous sentons tout à fait libre pour déclarer que s'il est exact qu'en G. Calmette, le directeur du » Figaro «, qui aux mois d'avant-guerre menait contre lui si rude campagne, sa femme ait voulu châtier le malfaiteur franchissant sans pudeur le mur de la vie privée, (pour reprendre la comparaison de l'accusée), l'individu se servant pour abattre son adversaire politique, d'une correspondance intime obtenue Dieu sait par quels moyens, alors il était juste qu'on absolve la coupable !

« Encore que Mencius ait écrit « qu'il n'avait jamais entendu dire que quelqu'un eût réformé l'Empire en se déshonorant soi-même », les maximes du philosophe chinois ne sont pas pour avoir cours en Occident et il serait à la fois intolérable et scandaleux de penser que le chiffonnier fouillant dans votre poubelle, le cambrioleur s'introduisant dans votre appartement, trouve acquéreur à vos papiers les plus personnels et qu'un de vos ennemis politiques simplement parce que vous le gênez ou le pensez pas comme lui puisse, sans encourir la rigueur des lois, ni le mépris public, ouvrir votre demeure intime à tout venant ».

La porte s'ouvre : Une mignonne fillette apparaît, suivie d'une gouvernante, et me dit d'une voix frêle : « Voilà grand-mère ! »

Mme Caillaux arrive en effet, alerte et gaie, secouant la toison d'or de ses cheveux coupés à la mode, et portant une ravissante toilette printanière. Avec un sourire de jeune fille heureuse, la jeune grand-mère me tend la main.

Ce sourire et ce regard qui m'accueillent, traduisent mieux que bien des paroles ce que pense Mme Caillaux en revoyant un témoin d'une époque douloureuse encore proche. Le passé et le présent sont réunis dans nos pensées d'une façon saisissante. Je serre la main tendue et sans autre préambule, je dis :

— Comme vous avez dû être émue, Madame, le jour où vous avez repris possession de vos appartements, si j'en juge par l'émotion que j'éprouve à vous revoir ici.

— Je l'avoue.

Et montrant un fauteuil au coin de la cheminée monumentale que décore l'N napoléonien, Mme Caillaux ajoute :

— Tenez, c'est dans ce fauteuil que mon mari m'a trouvée en larmes, tandis que très calme, il entrait ici, comme s'il revenait chez lui après un long voyage.

Il connaît tous les coins et les recoins de cette vieille demeure, où enfant, il a joué avec les compagnons de ses jeux, quand son père était Ministre des Finances.

Le pavillon de Flore est presque pour lui un toit familial, sous lequel il se retrouvait, tandis que je n'osais croire encore à la vraisemblance de ce retour après de si tragiques années.

J'étais un peu comme Cendrillon, lorsque sa marraine-fée lui donna les moyens de pénétrer dans le palais du roi.

« Pourquoi pleures-tu, me demanda mon mari, à qui le triomphe prévu par lui faisait oublier en un moment tout le passé douloureux. Ne t'avais-je pas dit que l'avenir était pour nous ? »

Je ne répéterai pas ce que tous les journaux ont dit sur l'incroyable activité de Mr Caillaux et l'emploi du temps minutieux de sa journée.

— Ah ! je vous assure que tout le monde travaille autour de lui, me dit la présidente, et que Courteline n'aurait pas écrit ses *Ronds de Cuir* s'il voyait ce qui se passe à l'heure actuelle au Ministère des Finances. Mais comme il donne l'exemple de l'exactitude et du labeur, personne ne se plaint.

A une heure moins le quart, le président vient ici, où il retrouve toujours quelques amis venus partager notre déjeuner. Nous avons table ouverte. C'est le meilleur moment pour nous, car ceux qui nous entourent sont des amis des mauvais jours, ceux qui ne nous ont jamais tourné le dos. Ils nous font oublier l'écœurement qui nous soulève à chaque instant devant les insulteurs d'hier devenus sans transition les flatteurs d'aujourd'hui.

Jusqu'à deux heures, mon mari se délasse dans la confiante intimité de ces vrais amis.

On serait étonné d'apprendre que la politique est souvent absente des conversations, à la table qui réunit autour de nous ceux que notre épreuve n'avait point éloignés.

Les adversaires impénitents et francs y sont bien moins égratignés et moins durement que ceux qui viennent en rampant implorer leur pardon et quérir des faveurs.

Mais c'est après dîner que mon mari prend son véritable repos. Nous allons souvent au bois faire un tour en auto. Nous recevons beaucoup, mais nous n'acceptons aucune invitation. Les amis de toujours savent qu'ils sont ici chez eux, et nous sommes dispensés d'aller voir ceux dont les événements seuls guident les sympathies et réveille la fidélité somnolente ».

Notre conversation est interrompue par l'arrivée des convives, quelques-uns attendus, d'autres qui viennent s'inviter, sûrs de l'accueil qu'ils trouveront.

Je ne commettrai pas d'indiscrétions en citant des noms. Je ne donnerai que celui d'un éminent journaliste italien, Sofia Moratti, qui avait apporté en Haute-Cour le témoignage que devait ratifier trop longtemps après Briand, à savoir que Mᵣ Caillaux n'avait noué aucune intrigue coupable pendant son séjour en Italie.

Celui qui défendit avec âpreté et talent le ministre, est venu de Rome pour féliciter l'ami de son triomphe.

*
**

En coup de vent, la porte écussonnée de l'N impérial vient de s'ouvrir : Caillaux entre, rayonnant et vif, heureux d'apercevoir des visages vraiment amis.

Un mouchoir de soie piqué de reflets bleus la coupe impeccable du veston noir, et ses deux mains se tendent vers nous avec ce sourire de tous les gens de la maison, ce sourire qui signifie : « Oui, c'est moi... elle est quand même arrivée l'heure de la revanche ! ».

On a beau vouloir se gendarmer, rester l'observateur impartial qu'on s'est promis d'être, conserver le contrôle de son raisonnement, ne pas se laisser gagner par cet étourdissant revirement de la fortune, on ne peut s'empêcher de ressentir une étrange émotion en voyant de nouveau, pilote à la barre du vaisseau gouvernemental, celui qu'une presse en majeure partie subventionnée ou trompée avait voué aux gémonies. N'avait-on pas intérêt à faire expier à un seul le crime d'une collectivité imprévoyante chargée de préparer dans l'anonymat la défense nationale.

Lorsqu'il a longuement et affectueusement serré les mains des hommes, baisé celles des dames, il va respirer les gerbes qui s'entassent chaque jour sur les meubles des salons.

— Ah ! monsieur le président, s'écrie sur un ton d'amical respect un ami qui, soit dit en passant, porte un des plus beaux noms de France, on sait à Paris que Mme Caillaux aime les fleurs et on la gâte !

Virant d'un coup sur ses talons — j'allais écrire sur ses talons rouges — le président de répondre :

— Mais toutes ces gerbes ne sont pas seulement pour ma femme, il en est qui sont pour moi. Par exemple, celle-ci : Il montra une gerbe de roses rouges et lut à haute voix sur la carte qui les accompagnait : « Puissent ces roses d'un employé du Métro vous faire oublier les épines Clémencistes ».

Très ému, il se tourna vers un secrétaire : « Il faudra écrire à ce brave homme qui a signé et donné son adresse, que je serai heureux de lui serrer la main ».

Il revint vers le groupe des amis et ajouta : « Si jamais l'envie vous prend d'envoyer des fleurs, adressez les plutôt à ma femme, car vous ferez deux heureux, par le plaisir qu'elle aura à les recevoir et celui que j'aurai à son plaisir ».

Et je pensais : Il est à cette heure des gens « bien informés » qui vont racontant que Caillaux « a fait à sa femme le coup de Napoléon à Joséphine ».

Mr Caillaux a jeté un regard sur sa montre et Mme Caillaux qui l'a vu, lui dit : « C'est prêt, c'est prêt. On n'attendait que toi ». Et sans permettre au rigide maître d'hôtel d'ouvrir à deux battants les lourdes portes, il se dirige vers la salle à manger en criant gaiement : « Qui m'aime me suive ».

Mais une autre porte s'ouvre et un intime entre, essouflé, aussi rouge que le ruban qui décore son veston gris.

— Vous déjeunez avec nous, entrez, mais faites vite, car j'ai l'estomac dans les talons.

— Impossible, Monsieur le Président, je suis malheureusement retenu ailleurs, mais j'ai une communication très importante à vous faire.

— Mon petit, mon petit, ce n'est guère le moment. Enfin, je vous écoute.

Et passant son bras sous celui de l'amical importun, il l'entraîne dans un coin du salon, tandis que nous attendons debout dans la salle à manger.

*
* *

L'attente n'est pas longue. Mr Caillaux nous rejoint bientôt et se tournant vers les domestiques, droits devant la table des hors-d'œuvres, il dit en nous faisant un signe de nous asseoir et en dépliant sa serviette : « Allons, allons, la séance est ouverte ! »

Le privilège de l'âge, et sans doute aussi le fait d'être l'hôte qui arrive de province et qui passe, me vaut d'être à la droite de Mme Caillaux. Le président me parle d'Arcachon, des amis qui avaient le courage de l'approcher, quoique timidement, des ennemis qui l'insultaient in petto. Sa mémoire étonnante lui fait me poser des questions précises sur les uns et les autres.

Il s'enquiert notamment avec intérêt du Commissaire de Police qui sut s'acquitter avec tant de tact de sa mission de surveillance et de protection. Il loue ses capacités professionnelles, et je lui raconte comment il arrêta dernièrement l'assassin d'une vieille rentière qui cachait 1 million 200.000 francs dans ses jupes.

— Elle avait de jolis dessous, murmure le président, en décorticant une crevette.

Et nous partîmes à rire.

La conversation devient générale. Le président en veine d'esprit domine les voix de son organe perçant, et met tout le monde en gaieté par sa bonne humeur.

J'aurais aimé qu'assistent à ce repas tous ceux qui murmurent d'un air hypocritement désolé ou cruellement heureux que l'actuel ministre des Finances « est sur la voie du gâtisme ». La conversation tour à tour étincelante d'esprit et lumineuse de bon sens qui campa devant nous un Caillaux plein de verve, de jeunesse et de santé, leur aurait montré que leurs espoirs étaient prématurés, et vaine leur feinte désolation.

Avec Sofia Moratti, la conversation devint politique. Il parla du courant nettement caillautiste que dissimule avec soin l'impitoyable censure du Duce, et qui se devine, non seulement dans les couloirs de la Chambre Italienne, mais même dans ceux du Vatican. Il raconta la fin misérable des faux-témoins de là-bas, au moment du procès de la Haute-Cour. Il évoqua avec émotion les heures où le président bafoué, arrêté, insulté, prisonnier, gardait cependant un calme, une sérénité, une confiance qui firent l'admiration de ses pires ennemis.

— Oui... oui... répondit à un geste de protestation de Caillaux le journaliste italien, je le dis parce que je l'ai vu. J'étais à vos côtés à ces heures tragiques ».

Alors, se tournant vers moi, avec une attention charmante, comme pour me laisser un mérite que je n'avais pas, ayant connu trop tard les heures vraiment douloureuses de ce drame politique, le Ministre des Finances répondit :

— Oui, certainement, mais à cette époque l'impérieuse nécessité de défendre ma vie et mon honneur décuplait mon énergie, soutenait mes nerfs, tandis qu'à Arcachon, dans le calme de cette forêt qui porte un peu à la mélancolie, j'ai eu davantage la sensation d'être seul, abandonné, vaincu, méprisé, drapé de suspicion et de mépris comme dans un manteau d'infamie que je n'avais pas mérité.

Car tous ceux qui me reprochent hypocritement de ne pas demander la révision de mon procès, tous ceux qui me le conseillent avec un feint intérêt, tous ceux qui s'étonnent faussement de ne pas me voir faire ce geste, et entretiennent ainsi le doute dans l'esprit du public, savent bien qu'une condamnation en Haute-Cour est sans appel.

Voilà pourquoi je suis reconnaissant aux amis qui, sans partager mes opinions politiques, m'ont témoigné quelque sympathie, en dépit de leurs attaches mondaines. »

Pour faire diversion à ces souvenirs douloureux, quelqu'un parla finance. La conversation tomba sur les évasionnistes bons patriotes, à qui la guerre du Droit et de la Civilisation permit de faire d'énormes fortunes derrière la muraille vivante que formaient les poitrines héroïques des soldats. A l'heure du patriotisme fiscal, ils ne savent que s'évader, laissant une fois encore la charge de défendre le pays à ceux qui, de retour dans leurs foyers, petits commerçants, intellectuels, ouvriers, se débattent contre la vie chère et les exigences du fisc.

L'ancien président du Conseil s'indignait contre ces mauvais français, patriotes de façade, et nous dit sa résolution d'obtenir la rentrée de tous ces capitaux frauduleusement mis à l'abri. Si j'ai bien compris, quoique peu habitué aux discussions financières, le sens des paroles de notre Necker actuel, une large amnistie fiscale portant sur un long délai permettrait à tous ceux qui firent ainsi passer la frontière à de grosses fortunes, de leur faire reprendre sans risque le chemin de la France. Mais, passé ce délai, ils s'exposeraient aux plus graves mécomptes.

Quant à ceux qui, sans vergogne ou sous cape, se montrent partisans de la vente d'une colonie et le conseillent, après lui avoir violemment reproché comme une trahison la cession des moins bons terrains congolais, ici la voix de Caillaux se fit coupante : « Ils s'adresseront à d'autres pour de tels marchés, moi je n'y consentirai pas, et tant que je serai à ce poste, je m'opposerai à toute combinaison qui ne serait pas digne du pays dont j'ai reçu pour mission de relever l'équilibre financier compromis par la plus cruelle des guerres ».

Un silence suivit ces paroles. Nous nous taisions tous, car le cortège des difficultés sans nombre au milieu desquelles se débat avec une si douloureuse énergie la France sortie pourtant vainqueur après cinq ans d'une épuisante lutte, nous apparaissait dans toute son angoissante précision.

Est-ce possible, me disais-je, que tant d'héroïsme, tant de sacrifices ne nous soient point comptés ? Que nous ne sortions pas victorieux encore de ce combat d'un autre genre mais non moins tragique, pour l'existence ?

Bien fort eut été à ce moment celui qui aurait pu deviner les pensées du Ministre. Qu'y avait-il derrière ce regard haut et lointain ? Que taisaient ces lèvres serrées dont un pli énigmatique accusait les commissures ?

On avait la conviction d'avoir devant soi un homme qui, quelles que soient vos divergences d'opinion, l'anthipathie que vous aurez pour lui, poursuivra le but qu'il croira bon, avec le mépris le plus absolu d'une popularité de politicien dont il n'a cure.

Et l'on comprend alors que la crainte de l'impopularité ne l'ait pas non plus arrêté lorsqu'il éleva devant le pays le spectre du déficit, à la place de l'indolent bouddah de l'équilibre budgétaire, avec lequel ses prédécesseurs masquaient les crevasses de la trésorerie, les enfermant ainsi dans cet implacable dilemme : « Vous avez été coupable en parlant d'un équilibre que vous saviez ne pas exister, ou vous avez été des incapables en ne le voyant pas ».

C'est ainsi qu'à l'époque la plus florissante du Bloc National, on a pu proclamer du haut de la tribune française que le budget s'équilibrait en plus-value, alors qu'il présentait en réalité six milliards de déficit.

Au nombre des politiciens pris en flagrant délit de mensonge ou d'ignorance, viendront s'ajouter ceux qui ont mis tout en œuvre pour se soustraire aux rigueurs de l'impôt et que le président appelle : *les embusqués du devoir fiscal.*

Je songeais malgré moi combien il lui aurait été facile de se refaire une popularité nouvelle dans tous ces milieux où le patriotisme va jusqu'au sang des autres et s'arrête devant le coffre-fort.

Personne ne connaissait mieux que lui « les expédients de trésorerie ». Qui pouvait l'empêcher de continuer à bercer d'illusions le peuple ignorant des difficultés réelles, plein de courage devant le danger, mais n'aimant pas se compliquer l'existence de soucis inutiles.

Il pouvait devenir le dieu de tous ceux dont il aurait assuré la jouissance en ne leur signalant pas la tempête qui se formait à l'horizon.

Il pouvait reprendre à son usage la phrase bien connue : « Après moi le déluge », et passer ensuite la main avec insouciance à celui qui eut été le syndic d'une faillite qu'on s'entête à ne pas vouloir envisager.

Mais non, alors qu'il aurait pu choisir de mettre en circulation quelques milliers de billets et de continuer à dissimuler la situation exacte du pays, il a préféré dire la vérité et toute la vérité. Il n'a pas craint de froisser ses amis politiques insuffisamment clairvoyants ou trop hésitants pour oser des mesures impopulaires ; il n'a pas craint de réveiller la haine au cœur de ses éternels ennemis, de provoquer leurs clameurs faussement indignées, dissimulant mal leur colère de se voir débusqués et menacés.

*
**

Le repas était terminé. Mme Caillaux ayant donné le signal, tout le monde s'était levé. Nous revîmmes au petit salon tout embaumé de fleurs.

On ne peut plus dire aujourd'hui : « les hommes passèrent au fumoir », car c'est encore une des conquêtes féminimes de ces dernières années d'avoir acquis le droit de fumer.

Si quelques personnes moroses s'en chagrinent encore, beaucoup y trouvent le charme de n'avoir pas à s'isoler comme pour satisfaire un vice, au moment où « les fumées généreuses » du repas ont achevé de rompre la glace entre tous les convives. La grâce des femmes ajoute un charme aux blondes cigarettes dont la fumée légère se mêle à celle des cigares, et la présence de ces dames refrène les propos légers que l'atmosphère du fumoir semblait appeler d'office.

Toutes les convives acceptèrent les cigarettes offertes par Mme Cailaux tandis que le président offrait les cigares.

Puis on passa sur l'admirable terrasse qui, entre les statues de nos gloires nationales, surplombe comme une tribune royale les jardins des Tuileries dans toute leur splendeur printanière, émaillés de fleurs, de verdures et de toilettes claires, dont tout le charme montait vers nous un peu grisant.

Par la porte des Tuileries, nous apercevions les lointaines frondaisons des Champs-Elysées et le fourmillement des autos.

A gauche, Gambetta, revêtu de son austère redingote d'intellectuel modeste, domine les cours où rois et reines, courtisans et courtisanes promenèrent leur nonchalante grâce et leur oisiveté, ignorants plus encore que dédaigneux des misères qu'on leur cachait. Le geste énergique du tribun populaire sur son socle de marbre semblait haranguer ces ombres défuntes, vouloir les persuader de sa parole ardente et s'écrier : « Vive la République ! »

Tandis que chacun à son tour accaparait un instant le président pour échanger à voix basse quelques paroles en particulier, je pus mesurer, silencieux dans mon coin, la route prodigieuse parcourue victorieusement par cet homme dont on n'a pas compris encore toute la formidable énergie.

Et vraiment, d'évoquer en face du présent tout le passé, d'évoquer toute la côte gravie, avec quelle fabuleuse tenacité, par un homme devant lequel toutes les têtes s'inclinent aujourd'hui, et qui avait totalisé la plus formidable somme de haines qu'une presse déchaînée est capable de susciter au sein d'un pays et jusqu'à l'étranger, m'emplissait d'un étrange sentiment fait d'émotion, de stupeur et d'admiration.

Quoi, cet homme, que des pairs, inquiets de la tournure des événements, sans vouloir tenir compte des rancunes, sincères dans leur esprit obnubilé, avaient mis par un jugement infamant, plus bas que terre, cet homme était là devant moi, souriant, jeune, entrain, courtisé. Et il me semble soudain voir apparaître à la place d'un parterre, un petit coin de plage vendéenne, d'où un vieillard aux pommettes saillantes, aux yeux bridés, aux grosses moustaches tombantes, fixait étrangement son adversaire d'hier, en pleine possession de ses moyens, devenu le sauveur sur qui comptait la France pour relever son trésor ruiné, et Mme Caillaux, faisant avec grâce les honneurs des salons ministériels.

Je songeais à l'auto, qui attendait, à toute heure, prête à mener vers la Chambre ou le Sénat l'ancien condamné, où parmi les plus empressés à le recevoir, il trouverait naturellement ceux qui le condamnèrent autrefois, pleins de crainte aujourd'hui devant le vaincu de la veille.

*
* *

Comme je songeais à tout cela, un valet apparut qui présenta à Caillaux un plateau sur lequel il prit une carte qu'il tendit à sa femme en murmurant : « Le comble ! C'est X..., le sénateur, mon ami d'enfance qui vota ma condamnation en Haute-Cour, et qui demande à me voir dans l'intimité, en dehors du Ministère ». Mme Caillaux eut un haut le corps, et s'exclama : « Tu ne vas pas le recevoir ? ». Son mari avec un sourire, haussa les épaules et répondit : « Pourquoi pas ? Ah ! mon Dieu, je ne recevrais pas beaucoup si mes amis seuls venaient m'importuner ! Et puis, le plaisir de voir ce qu'il veut me dire, quelle sera son attitude ! — Je viens, annonça-t-il au domestique, et tandis qu'il s'apprêtait à recevoir ce caméléon de la politique, au nom très connu, Mme Caillaux, toute indignée, me disait : « C'est ainsi du matin au soir, le manque de rancune de mon mari, dédaigneux de tous ces fantoches, est absolu. Les vrais amis s'abstiennent de quémander, mais les autres sont sans pudeur ».

Le Ministre des Finances revint, bientôt après, un sourire au coin des lèvres, ce sourire moqueur et plein de pitié que provoquent chez lui ces palinodies continuelles dont il est l'ironique témoin depuis un mois.

— Eh bien, lui demanda Mme Caillaux.

— Eh bien ! il s'est précipité vers moi, m'appelant comme autrefois par mon petit nom, et, sans faire allusion au passé, il m'a exposé ce qu'il désirait.

— Naturellement, répondit sa femme, et tu vas le lui accorder ?

— Si je puis.

— Ensuite, c'est tout ?

— Non, il m'a embrassé.

— Oh !...

— Si nous parlions d'autre chose, interrompit l'ancien président du Conseil, et se tournant vers moi avec gaieté : « Vous ne m'avez pas encore demandé des nouvelles de votre ami l'abbé Manoir ? »

—Je me proposais de le faire, Monsieur le Président, car j'ai gardé en effet le plus délicieux souvenir des heures que nous avons passées ensemble, l'abbé Manoir et moi.

— Il se porte comme un charme. Ai-je besoin de vous dire qu'il n'a pas perdu son habitude d'intercéder pour les autres. Savez-vous qu'li est monté en grade ? »

Et comme je m'exclamais, Mr Caillaux m'apprit qu'aux dernières élections municipales plus de deux cents voix l'avaient envoyé siéger au conseil de la mairie, ce qui représentait la presque totalité des voix de son petit village.

— Il est plus heureux de cette marque de sympathie que s'il avait été fait cardinal, continua le Ministre. Au fait, vous pourrez annoncer la nouvelle à votre curé d'Arcachon. Il aura peut-être quelque remords d'avoir interdit un conseiller municipal.

*
* *

Mais deux heures vont sonner, la fin de la « récréation » approche.

Caillaux, qui s'était éloigné quelques instants pour causer avec Moratti, revient vers moi, au moment de partir, et il me parle de ce livre dont je lui avais annoncé la prochaine édition.

— Je n'ai pas demandé à lire votre manuscrit, me dit-il, mais je sais que vous ne voulez pas jouer votre Las Cases auprès de moi ? Vous avez voulu faire, non pas œuvre de partisan, mais raconter simplement ce que vous avez vu et entendu. Je ne veux donc pas censurer des pages que vous voulez impartiales. Mais gare, ajouta-t-il en riant, je protesterai si vous me faites dire des choses que je n'ai jamais pensées.

Puis, me montrant d'un geste large l'immense étendue des terrasses et de jardins, au bas desquels passaient rapides, les travailleurs, midinettes rentrant à l'atelier, employés se dirigeant vers leurs bureaux, ouvriers en vêtements de travail :

— Et maintenant, je vais travailler, comme tous ces braves gens, dont le travail studieux et ponctuel fait la richesse et la solidité de la France. Ils lèvent les yeux vers nous en passant, et songent peut-être que nous sommes d'heureux oisifs. Voyez comme jusque dans les choses les plus simples l'injustice peut se glisser. Nous avons besoin tous, de nous réformer d'abord, de donner l'exemple avant de médire des institutions sociales. Elles sont bien souvent l'expression de nos imperfections.

Et preste, il disparut, aussi rapide qu'il était venu.

Un à un, les convives se sont retirés. Seuls, nous sommes demeurés, Sofia Moratti et moi, sur la terrase ensoleillée, ne nous lassant pas de contempler cette vue que nous n'avons pas l'occasion d'admirer tous les jours.

Nous échangeons nos impressions et comme je le sais, malgré ses opinions avancées, familier des coulisses vaticanes, curieux, je l'interroge sur ce qui se passe à l'heure actuelle dans cette tour d'ivoire, berceau de la diplomatie, et sur ce que l'on pense du retour de notre amphytryon au pouvoir. Et le journaliste me dit en substance:

— Il est un grief invoqué contre Caillaux dans le procès de la Haute-Cour, me répondit-il, qui a fait douter de la valeur de tous ceux sur lesquels on étaya l'accusation et rendit circonspect sur la valeur même du procès. En efet, le Cardinal Gaspari a gardé sur le cœur l'histoire que l'on fit courir au sujet de ses soi-disant tractations avec l'ancien président du Conseil, lors de ce fameux voyage en Italie — reproches qui servirent de base à l'accusation et au sujet desquels M. Briand a pu dire ces jours-ci, qu'après une enquête personnelle, il n'avait rien pu retenir de ce voyage contre le condamné de la Haute-Cour.

Vous savez que le Vatican passait à ce moment pour gallophobe, vous voyez donc quel intérêt il y avait à prendre Caillaux en flagrant délit de tractations avec le Saint-Siège.

Or, tout le monde sait à Rome, depuis le plus modeste des prélats romains jusqu'au pape, en passant par le Cardinal secrétaire d'Etat, que M. Caillaux n'a jamais mis les pieds au Vatican, n'a jamis visité aucun cardinal, n'a sollicité aucune audience d'aucune sorte.

A la Cour du Saint-Père, où le moindre prêtre est de la graine de diplomate, et où l'on ne s'en laisse pas facilement imposer sans examen, on en a déduit que si l'on pouvait aussi lourdement errer sur un point relativement facile à préciser, rien ne prouvait que tous les autres points ne fussent entachés d'erreurs. Et puis... l'on y comprend si bien les raisons d'Etat que ce procès leur paraît clair !

« Voilà pourquoi on est resté à Rome très sceptique sur la culpabilité de l'ancien président du Conseil.

« J'ajouterai que son amour de la paix l'avait rendu sympathique à Benoît XV, de qui l'on a beaucoup médit, mais qui n'eut pas manqué d'être un grand pacificateur s'il n'avait été entre les mains de son entourage, comme l'a montré Grillot de Givry dans son livre violent, mais si sincère, que la plus solide des conspirations du silence n'a pas réussi à étouffer tout-à-fait (1).

«Une autre cause plaide en faveur de Mʳ Caillaux.

« On sait au Vatican que le ministre des Finances n'a jamais été et ne sera jamais un sectaire. On se souvient de ses nominations d'évêques, comme celle du Cardinal Dubois, faites en plein accord avec Rome, de son respect pour le représentant du Saint-Siège à Paris, de son libéralisme, toutes les fois que les exigences de la politique le lui permettaient, à l'égard des lois concernant l'Eglise. On sait qu'il fut un de ceux qui défendit l'opportunité de l'Ambassade au Vatican et désira qu'un représentant de la France y put entrer par la grande porte et non par l'escalier de service.

Maintenant, si vous me dites que le Saint-Siège doit regretter les « désobéissances » du Ministre aux lois canoniques comme celle concernant le divorce —

---

(1) Il s'agit du livre de G. de Givry : *le Christ et la Patrie.*

ce que j'ignore d'ailleurs — je vous répondrai que les représentants du Saint-Siège en ont vu bien d'autres en France dans les palais de vos rois habités par des concubines officielles. Et je ne parle pas de Napoléon Ier, qui faisait couronner Marie-Louise par le Pape, après avoir répudié Joséphine, parce qu'à cette époque, le Pape, dominé par l'Empereur, dut s'exécuter.

Reste l'étiquette politique de Mr Caillaux ? Ici, je crois pouvoir dire qu'un travail profond s'opère actuellement au Vatican même. Les questions politiques cessent d'être au premier plan de ses préoccupations. Serait-ce pour y revenir ensuite d'autant mieux ? Je ne sais ! Toujours est-il que le Vatican est bien plus le siège de l'internationalisme que Moscou. La grande préoccupation présente de Pie XI, aidé par le secrétaire d'Etat Gasparri, est de rallier toutes les sectes dissidentes sous sa houlette pastorale. On y travaille à Rome avec une ardeur qui prime tout : Un seul pasteur, un seul troupeau ! telle est l'ambition religieuse du pontificat actuel.

L'héroïque archevêque de Malines a reçu pour mission la tâche délicate de ramener à la bergerie les brebis égarées de la haute église anglaise, qu'au fond seule la question du mariage des prêtres sépare de Rome. On examine en ce moment le difficile problème de la validité des ordinations anglicanes, et le moyen de concilier la loi sur le célibat ecclésiastique avec la situation matrimoniale de certains pasteurs, afin qu'il leur soit possible de réaliser leur union avec l'Eglise Catholique sans qu'ils aient à répudier leurs épouses. On est tout près d'arriver à une entente qui prouvera le libéralisme de Rome et le bon vouloir de l'Eglise anglicane.

Mgr Chaptal à Paris, d'autres évêques dans toutes les capitales de la Chrétienté, battent les sentiers de l'exil pour rallier au Pape le troupeau schismatique de l'Eglise orthodoxe russe, privée de son chef le Tzar, et réduit à chercher sa nourriture spirituelle dans les marais d'un mysticisme maladif et sous la conduite de popes ignorants.

L'étiquette politique d'un peuple est indifférente au Vatican, pourvu que ses lois n'entravent pas sa liberté de conscience. Rendre à César ce qui est à César, pourvu que celui-ci rende à Dieu ce qui lui appartient, voilà ce que cherche Rome à l'heure présente.

En Italie, devant la menace de l'anarchie, le Vatican a béni le fascisme. Vous pouvez être assuré que si Mussolini trompait les espérances de ceux qui ont mis leur confiance en lui, vous verriez le Vatican se rapprocher des socialistes, afin d'amener un régime de liberté vraie.

Mes amis socialistes n'ont plus d'hostilité marquée contre la Papauté, depuis qu'elle s'est donnée cette tâche essentiellement religieuse, et à condition qu'elle ne s'en écarte pas.

Je suis venu dire en France — sans aucun mandat officiel — à ceux que n'aveugle pas un anti-cléricalisme farouche, que le Vatican n'est plus la citadelle de la réaction, mais la maison où l'on travaille ostensiblement à l'union des peuples dans la foi catholique, et à leur pacification.

***

Il est 3 heures, Moratti est attendu à la Chambre. Moi-même, je m'apprête à prendre congé, mais Mme Caillaux ayant à sortir également, nous partons ensemble.

Et tout en causant, nous descendons lentement le somptueux escalier du palais, où vit entouré d'attentions celui qui après avoir été le traître, est devenu l'homme du jour et l'espoir de ceux mêmes qui furent ses plus acharnés détracteurs.

Ainsi va le monde.

***

— Et surtout, n'oubliez pas de venir dîner avec nous, ce soir.

La personne qui m'invitait ainsi était Mme Georges Louis, la femme de notre ancien ambassadeur en Russie, à qui je venais de rendre mes hommages.

Mme Louis ajouta : « Je vous présenterai une femme charmante, d'une grande intelligence, pour qui j'ai beaucoup d'affection, et vous aurez l'occasion de connaître un des caractères les plus fidèles à ses amitiés.

C'est ainsi que j'eus l'honneur d'être présenté ce jour-là à Mme de St-Prix, qui fut l'âme de l'Elysée quand son père, le président Loubet, y régnait avec bonhommie, intégrité et bon sens. Son fils, Pierre, rédacteur aimé et plein de talent à Excelsior, formé par cette femme de tête et de cœur attire tout de suite par son regard clair et droit, sa voix franche.

Mme de St-Prix me parle d'une voix très douce, un peu lointaine, mais chaude, convaincante, comme sortie des grilles d'un confessionnal. Son regard lumineux vous fixe avec l'insistance tranquille et affectueuse des natures droites et simples. Les gestes mesurés de mon interlocutrice, son attitude, ses vêtements d'un goût aussi parfait que sobre, achèvent d'attirer à elle, et de retenir, la sympathie et le respect.

Je penserais plus volontiers avoir devant moi la dame de charité, la bienfaitrice et l'animatrice de quelque grande paroisse de la rive gauche, que la fille d'un ancien président de la République.

Cependant, je m'aperçois vite que cette douceur, ce calme, n'empêchent point une grande énergie, une grande clarté d'esprit, des opinions qu'elle défend avec âpreté, des amitiés qu'elle ne renie pas. L'exemple de toute une vie harmonieuse et droite, au service de ses idées, en faveur de la démocratie dont elle ne se dissimule pas les défauts, lui ont donné une autorité que nul ne lui conteste.

Et l'on devine en voyant l'affection et l'orgueil qu'elle reporte sur son grand fils, les efforts de cette femme remarquable, pour faire de son enfant un homme digne d'elle et de la France, et tout l'espoir qu'elle a mis en lui.

Après m'avoir dit combien son fils et elle s'étaient peu habitués encore à ce changement, et combien elle était touchée de ce dîner offert en son honneur, Mme de St-Prix me fait part de son écœurement à voir tous les jours le degré de lâcheté et l'esprit de courtisanerie de tous les parasites de la politique et du grand monde.

— Je n'ai pourtant plus les illusions de la jeunesse, me dit-elle avec un sourire charmant, cependant vous n'imaginez pas mon indignation de constater à quel point le manque de toute pudeur et de toute sincérité caractérisait tous ces revirements d'opinions. C'est écœurant ! Je sais bien que la politique a des exigences ! Mais cet abandon de tous principes, cette indifférence avec laquelle on met de côté sans se gêner l'opinion dont on se montrait fier, absolument comme un objet de luxe qui aurait cessé de plaire, vraiment je ne puis le constater sans colère chaque fois. Et si vous saviez le nombre d'amitiés que nous avons et surtout que nous aurions pu retrouver depuis le retour de Caillaux ! Mais nous sommes en train de nous faire de terribles inimitiés, mon fils et moi — mon fils surtout qui a l'ardeur des jeunes ! — parce que nous sommes souvent si outrés que nous ne pouvons nous empêcher de rappeler à certaines gens des vérités peu flatteuses pour leur caractère.

« Vous pensez bien que je n'ai jamais cru à la culpabilité de Caillaux. Vivant à l'Elysée, j'y ai vu bien des choses et j'en ai appris beaucoup, notamment sur les accusateurs du Ministre des Finances, qu'ignorent pour le moment encore, car on saura bien tout un jour, la plupart des gens.

« Nous avons connu, en le défendant, le mépris des uns, les insultes des autres, la quarantaine, l'oubli, l'indifférence pour le moins. Nous avons été mis à l'index des salons nationalistes. Bien que révoltés par tant d'injustices, nous avons accepté sans regret cet ostracisme, confiants dans l'immanente justice, celle que la femme illettrée d'un ancien ministre de ma connaissance, appelait : l'éminente justice.

« Enfin, l'heure de la justice a sonné, et ma joie profonde de voir la revanche de celui que des consciences affolées devant les événements qui étaient pour elles autant d'accusations, avaient voulu immoler, revenir en triomphateur, fût doublée par la curiosité.

« Il me tardait en effet d'observer l'attitude qu'allaient avoir vis-à-vis de Caillaux ceux qui le piétinaient lorsqu'ils le croyaient à tout jamais fini, et comment reviendraient vers nous ceux qui tournaient le dos aux amis du traître.

« Ah ! nous avons été vite édifiés !

« Ce fut d'abord dans certaine salle de rédaction où l'on se moquait sans gêne du « caillautisme » de mon fils, où il lui était démontré sans ménagement le tort qu'il avait de prendre ouvertement le parti d'un homme indigne;   une ruée joyeuse autour de lui, le jour du retour de Caillaux au pouvoir.

— Eh bien, Pierre, lui disait-on, bravo ! voici Caillaux ministre...

« Puis le revirement successif de tous ceux qui nous avaient tourné le dos, et qui revenaient avec un sourire ignorant du passé, semblant dire : « Voyons, vous savez bien que ce n'était pas sérieux, le monde a de ces obligations, mais au fond, nous n'avons pas cessé d'être de vos amis ! »

« Ah oui ! s'indigna tout-à-coup Mme de St-Prix, de solides amis ! J'en parlais encore l'autre jour à Caillaux, qui me faisait amicalement observer qu'on ne m'avait pas vue au banquet de Magic-City. Et pourquoi, Monsieur le Président, lui répondis-je, quelle poignée eussions-nous été au milieu de tous ceux que le retour de la fortune rapprochait de vous ? Et il convint avec moi qu'il avait fait ce soir-là de cruelles réflexions, lui pourtant si blasé sur la fidélité et la loyauté des sentiments ».

A ce moment, Mme Georges Louis s'approcha de nous et nous dit :

— Vous vous entendez, chers amis, je lis ça dans vos yeux. Puis, à mon interlocutrice « On ne vous voit plus aux lundis de Mme Caillaux, elle m'en a fait la remarque et vous regrette. Ne reviendrez-vous pas?

— J'y ai été une ou deux fois, répondit Mme de St-Prix. J'en suis revenu malade de dégoût et avec quelques ennemis de plus. Que voulez-vous, lorsque je voyais certaines femmes empressées autour de Mme Caillaux et toutes souriantes, après l'avoir traînée dans la boue, je ne pouvais m'empêcher de leur dire mon étonnement avec ironie, et de leur demander quelles raisons motivaient leur changement d'attitude. Inutile de vous dire les fureurs rentrées que je déchainais ainsi.

« Comment, vous ici, dis-je à la femme d'un ancien ministre, qui m'avait fait comprendre il y a quelques mois que ma présence était devenue indésirable dans son salon, parce que je défendais Mr et Mme Caillaux, mais alors, que s'est-il passé ?

Rouge de colère, elle me répondit : « J'ai un fils qui fait sa carrière dans les finances, et quand on veut monter, on ne regarde pas les marches qui vous portent ».

Je lui ai tourné le dos, en répliquant simplement : « Pouah ! »

*
* *

Paris est la ville où les provinciaux venus pour passer inaperçus rencontrent le plus facilement ceux qu'ils pourraient souhaiter ne pas voir, en admettant qu'ils aient désiré se soustraire à la curiosité de leurs concitoyens.

Je m'y suis donc trouvé nez à nez avec cinq de mes concitoyens arcachonnais dont quatre étaient venus à Paris avec l'espoir d'approcher Mr Caillaux, moins pour le féliciter que pour lui demander secours dans quelques petites difficultés avec le fisc.

J'en connais au moins deux qui, par derrière lui faisaient presque profession de l'insulter quand il habitait Arcachon.

Aucun n'avaient pu l'approcher. J'appris même que le maire d'Arcachon, qui cependant avait toujours fait preuve d'une grande indépendance d'esprit, et qui aurait désiré voir le Ministre pour l'entretenir de certains intérêts de la ville qu'il administre, n'avait pas pu arriver jusqu'à lui. Les uns et les autres peuvent être assurés que des secrétaires trop zélés n'ont pas transmis leurs cartes au ministre, ignorants encore que le nom d'Arcachon qui reçut pendant trois ans Caillaux avec bienveillance, aurait tout de suite servi de Sésame à ceux qui en venaient, et surtout à son sympathique représentant.

*
* *

Nous étions un lundi. Je n'aurais eu garde de manquer le jour de Mme Caillaux, vraiment curieux, avant mon départ, de me rendre compte, « de visu », du changement opéré depuis son premier séjour à l'hôtel Régina.

Avant de m'y rendre, je fus d'abord à la Chambre, puis au Sénat, où le ministre des Finances devait intervenir à propos du budget de 1925.

La loge officielle était déjà pleine, et de tous les côtés on entendait murmurer le nom de Caillaux. On savait qu'il devait venir et l'on attendait son apparition avec impatience.

Lorsqu'il fit son entrée, un vif mouvement de curiosité se produisit.

Les dames surtout se levaient, se penchaient pour mieux voir. « Tenez, voilà Caillaux ». « Où est Caillaux ? ». « Vous voyez, là sur cette rangée, c'est Caillaux ! ». Vous voyez Caillaux, assis là-bas ? ». Telles étaient les paroles qui dominaient. De la curiosité, de l'indifférence, comme au passage, avenue du Bois, d'un souverain ou d'un prince de sang.

L'ancien président du Conseil sent qu'on le regarde, et il s'assied au banc des Ministres avec ce laisser aller aristocratique qu'il garde toujours, sans affectation et sans gêne.

Il regarde la tribune où tout à l'heure il montera, en ministre puissant, se souvenant sans doute de l'époque tragique où il paraissait en accusé.

La tête nonchalamment appuyée sur la main gauche, jambes croisées, le monocle à l'orbite, il regarde partout d'un œil vif, toise avec une indifférence un peu hautaine les communistes qui se démènent haineux et poussent des cris chaque fois que le nom de Patrie est prononcé.

Lorsqu'on le voit aborder avec assurance et sans hâte la tribune, un grand silence se fait. Mais son intervention est brève. Il en redescend vite et part pour le Sénat, où ceux qui le condamnèrent vont l'approuver, en attendant de valider sa prochaine élection sénatoriale.

Le désappointement se lit sur le visage de bien des gens venus là avec le secret espoir d'assister à une séance agitée où Caillaux serait aux prises avec ses adversaires.

Je savais que c'était au Sénat qu'il allait parler et j'arrivais au Luxembourg quelques minutes après lui.

J'aurais voulu assister aux séances de la Haute-Cour pour mieux me rendre compte du revirement des attitudes de nos pères proscrits.

Le président, Mr de Selve, un des témoins les plus âpres de l'accusation, lui donne la parole avec un sourire étonnant d'amabilité et qui semble demander tout l'oubli du passé. Le condamné de la Haute-Cour, qui connut à des heures tragiques tant de défections, se voit aujourd'hui amicalement entouré dans cette salle des séances et des commissions, où tant de haines l'environnaient. Des mains se tendent, qu'il serre sans rancune, mais avec quel air d'autorité.

Je ne m'arrête pas à son intervention écoutée, appréciée, dont tous les journaux ont donné le compte-rendu élogieux.

Dans les couloirs, il passe, rapide, comme toujours, repoussant la meute des journalistes qui le harcèlent, et se refusant à rien dire, car il sait mieux que personne que si l'homme doit « tourner sept fois sa langue dans sa bouche avant de parler », l'homme politique doit la tourner « septante fois sept fois » avant de s'exprimer. Il sait bien aussi que si pour d'autres les écrits restent — scripta manent — pour lui, ils volent.. et on les vole.

*
* *

Cinq heures. Un taxi me conduit au pavillon de Flore, où Mme Caillaux donne sa réception.

Les salons sont déjà pleins et l'on n'arrive pas sans peine jusqu'à la maîtresse de céans qui, très entourée, souriante, et dans une toilette qui lui sied à merveille, reçoit chacun avec un mot aimable, la main tendue. De temps à autre, son visage s'éclaire d'un sourire particulier : c'est qu'elle vient de reconnaître un familier, un ami, et à celui-là ses yeux disent l'affection et l'estime particulières dont il est l'objet.

A côté d'elle, une admirable corbeille de lilas, envoyée par la femme d'un ancien ministre qui lui avait fermé ses portes après le drame du Figaro.

Je vois dans un coin Mme de St-Prix, assistant lointaine, à tout ce défilé. Lointaine, et cependant rien ne doit lui échapper, car j'aperçois parfois d'étranges reflets dans ses yeux. Son attitude et sa toilette tranchent singulièrement dans ce salon où s'agitent tant de jeunesse quinquagénaire et de perruques à la garçonne.

Je la rejoins. Elle m'accueille avec un sourire et comme je lui demande ce qu'elle pense de cette réception, fouillant du regard la foule, Mme de St-Prix sans baisser la voix, avec une implacable rigueur, étiquette tout ce monde qui papillonne affairé autour de la femme du Ministre, la veille encore méprisée :

« Vous voyez ce gros homme qui embrasse longuement la main de Mme Caillaux? C'est un sénateur qui « en son âme et conscience », a condamné son mari en Haute-Cour.

« Ce jeune homme blond, qui fait sauter la petite fille de Mme Caillaux sur ses genoux, combien souvent ne m'a-t-il pas reproché de défendre le président lorsque tout le monde disait que c'était un traître.

« Tenez, cette dame qui minaude près du fauteuil de la maîtresse de maison, c'est la femme d'un grand journaliste parisien, qui m'a déclaré un jour que si jamais Mme Caillaux se trouvait dans mon salon en même temps qu'elle, elle en sortirait immédiatement.»

— Quel est le secret qui a pu modifier son opinion, demandai-je de plus en plus édifié sur ce que je voyais et malgré mon scepticisme, stupéfé de tant d'inconstance.

— Les fonds secrets, me répondit cette femme d'esprit.

Ainsi, les gens défilaient devant nous, sûrement décortiqués par Mme de St-Prix. lorsqu'elle s'exclama en voyant entrer une nouvelle arrivante :

— Oh ! par exemple, celle-là je ne la manquerai pas. Mme Caillaux n'a pas eu de pire ennemie dans Paris, et la voilà... mais regardez-moi ce sourire empressé, cette hâte !

Et tout de suite, elle se dirigea vers une femme manifestement âgée, mais à laquelle un maquillage presque scandaleux essayait de rendre une jeunesse relative. Le sourire entravé par le vernis, elle tanguait exultante et déjà prête aux protestations d'amitié, vers Mme Caillaux.

*
* *

Apercevant le sculpteur Cogné, j'allai à lui, et nous nous mîmes à causer tandis que sa femme aidait Mme Caillaux à faire les honneurs du buffet.

Cependant, l'affluence augmentait dans les salons.

Députés, ministres, sénateurs, ambassadeurs, arrivaient empressés et posaient respectueusement leurs lèvres sur la main que leur tendait Mme Caillaux, avec un sourire.

Celle que tous appelaient Madame la Présidente, allait du buffet aux salons, présentant les nouveaux arrivés, causant avec chacun.

Dans cette atmosphère d'enthousiasme tardif, fait d'intérêts et de crainte, d'amitiés soudain renaissantes, seules deux ou trois jeunes filles distinguées et distantes, peut-être lectrices de « l'Action française » ou catéchistes d'une paroisse aristocratique, s'étaient contentées de faire une révérence cérémonieuse et montraient, perdues dans ses salons, un visage ennuyé et presque triste, un peu effaré. Et l'on se sentait pris de commisération pour ces jeunesses que l'on devinait être des filles de hauts fonctionnaires ou d'officiers amenées là par une mère soucieuse de l'avenir des siens, afin d'obtenir pour le père un poste supérieur ou une décoration.

*
* *

Soudain, la grande porte s'ouvre, et un flot de journalistes, d'auteurs, d'acteurs, envahit le salon.

C'est une vraie descente de la Comédie-Française au Pavillon de Flore.

Des exclamations admiratives se croisent dans le salon transformé en coulisses, tandis que Mme Caillaux présente avec une inlassable complaisance.

— Et Maurice, le verra-t-on, demande-t-elle ?

— Oui, dans un instant, lui dit-on.

— Maurice, c'est le familier de la maison, l'ami de toujours, avec la comtesse de Noailles, Jacques Deval et tant d'autres, c'est le fils d'Edmond Rostand, Tous arrivent de la répétition des couturières, à la Comédie-Française, où le jeune poète vient de triompher, pour ses amis, dans *La Nuit des Amants*.

Et Madame Caillaux, heureuse, s'anime, la conversation devient générale, et l'on a un instant l'impression que vraiment l'atmosphère devient plus cordiale, plus franche.

Cependant, il y a là des boutonnières vierges et d'autres dont les rubans voudraient bien devenir rosettes !

L'amitié ne tient souvent qu'à un fil : il tient ici à un bout de ruban.

Les nouveaux romans et les comédies sont là sur les tables, avec des dédicaces dont quelques-unes font un contraste piquant avec ce que certains ont écrit, dit ou pensé autrefois sur les maîtres de céans.

Tout ça... c'est de l'histoire ancienne... A Paris, on oublie vite. On a tant de besoins ! ! ! La vie vous pousse, trépidante. Et puis, au fond, les histoires politiques n'ont d'importance que par l'intérêt ou les intérêts qu'elles représentent.

— Vous partez, me dit Mme Caillaux, au moment où je prends congé d'elle ?

— Oui, Madame, et ce soir pour Arcachon.

— Comment, déjà, pourquoi si vite ?

— Qu'ai-je de plus à faire dans ce Paris, lui répondis-je à mi-voix, en me penchant sur la main qu'elle me tendait. J'ai vu ce que je désirais voir, constaté ce que je prévoyais, en regardant vivre les gens autour de vous à Arcachon. Cependant, je dois avouer que je ne croyais pas que le revirement ait cette rapidité déconcertante, il faut bien le dire, et non sans amertume, si l'on pense à ce que peuvent être pour nous demain les amis d'aujourd'hui !

Je comprends, certes, votre joie et j'en suis heureux pour vous. Quelle magnifique revanche.

Mais, quant à moi, j'ai hâte de revoir mes pignadas sous lesquels les genêts fleurisent magnifiques et éblouissants. J'ai hâte de retrouver le calme et la douceur de mon petit pays où tous ceux qui vinrent se reposer trouvèrent la paix du cœur, la tranquillité de l'esprit, au charme profond duquel nul n'échappe, et que vous vous souvenez sans doute aussi d'avoir éprouvé. Il me tarde de sentir à nouveau la brise du bassin me caresser le front et dilater ma poitrine, de reposer mes yeux sur l'horizon marin, de fuir les bruits et l'agitation de la vie parisienne.

Et Mme Caillaux, émue aux souvenirs qu'elle évoquait elle-même de cette contrée dont elle avait subi la douceur apaisante dans l'adversité, me répliqua : « Ne lui dites pas adieu de ma part, à votre beau pays, mais au revoir ! »

FIN

On connaît le terrible accident d'auto arrivé à Mme Caillaux, en pleine apothéose électorale — le jour même où le département de la Sarthe envoyait son mari siéger au Sénat qui l'avait autrefois condamné. Il est ainsi dans la vie de mystérieux rapprochements que les uns attribuent au hasard et les autres — comme le bon abbé Manoir — à une Providence qui éprouve pour purifier.

On ne peut s'empêcher de penser, en présence de cette nouvelle épreuve, à l'étrange destinée de Caillaux qui ne peut régner ou aimer que dans la douleur. Son énergie indomptable, heureusement, domine les événements et ne s'est jamais laissée conduire par eux. C'est son honneur, et la garantie de ceux qui croient ou espèrent en lui, dans les heures angoissantes que nous vivons.

Arcachon, le 15 août 1925.

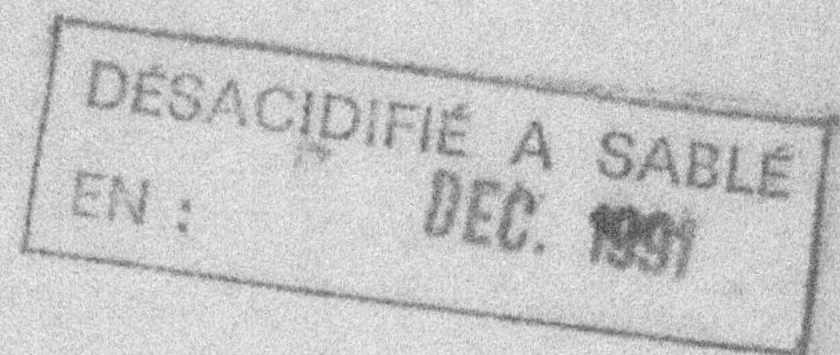